OHSAMA BUNKO

眠れないほどおもしろい「古代史」の謎

並木伸一郎

三笠書房

はじめに――古代史に残された「大いなるミステリー」に迫る本

日本の古代史には、まるでミステリーのように数多くの「謎」が横たわっている。

「邪馬台国は、どこに存在したのか」
「卑弥呼とは、いったい誰なのか」
「聖徳太子は実在したのか」
「大和朝廷が成立した経緯は」

など、今なお新しい学説が唱えられ、謎とロマンは尽きることがない。

これまでにも数多くの歴史学者、市井《しせい》の研究者たちが、これらの「大いなる謎」に挑んできたが、そのミステリーは解けないままだ。

たとえば、「日本」という国がいかにして成立したかを知るには、日本最古の歴史書である『古事記』と『日本書紀』を繙《ひもと》くことが欠かせない。

そこに記されたイザナキとイザナミの国生み、アマテラスの天の岩屋戸隠れ、スサノオのヤマタノオロチ退治などの「神代《かみよ》の物語」は、我々日本人にとっておなじみの神話である。

そして、オオクニヌシの国譲りなど、「創国記」として記されたうちのいくつかは、実在の人物、事象、事件をモデルに編まれたことが近年の研究によって確実視されつつある。

しかし、どこまでが「創作」で、どこまでが「歴史的事実」なのか――つまり、**「神話と歴史がリンクする瞬間」**については、いまだ明らかにされていない。

また、**「歴史」は勝者によって紡がれたもの**という一面がある。

「そのとき、何が起きたのか」――後世の人間がそれを知ることができるのは、覇権を握った「歴史の勝利者」が文字として記録を残したからである。

そして、それらの記録（正史）は、時の権力者の思惑によって「史実」が塗り替えられることもあっただろう。あるいは「真実」が封印され、歴史の闇に深く眠っているかもしれない。

他ならぬ「記紀」も、「歴史の勝者」である天武天皇の勅命によって編まれたものだ。

本書では、「記紀」に記された神話を読みときながら、そうした**「封印された史実」**を様々な仮説をもとに追いかけていきたい。

そして〝禁書〟や〝偽書〟と位置づけられ、歴史学界から葬られた**「古史古伝《こしこでん》」**や漢字伝来以前に日本で使われていたという**「神代文字《じんだいもじ》」**についても掘り下げていく。

その過程で、教科書には決して載らない、この国の〝真実〟をあぶり出していきたい。

謎とロマンに満ちた古代史を巡る旅を、じっくりご堪能いただければ幸いである。

並木　伸一郎

◎もくじ

はじめに……古代史に残された「大いなるミステリー」に迫る本　3

1章 「神話」に隠された古代史の真実
……歴史は「勝者」によって紡がれた！

1 『古事記』と『日本書紀』――「ふたつの歴史書」の謎　16
「記紀」で全く異なる天地創造のプロセス　18
なぜ「先祖を貶《おとし》めるような記述」が容認されたのか　20
「天皇の正統性」を知らしめるのが目的の『古事記』　21
『日本書紀』における勝者とは？　25

2 イザナキとイザナミの「国生み」が意味すること 27
男女の営みになぞらえた「国生み神話」 29
〝穢《けが》れをはらった〟後に生まれた皇祖神 31
3 皇祖神アマテラスとは誰か 34
「アマテラスのモデル」は持統天皇だった? 36
「天の岩屋戸伝説」は皆既日食を描いたもの? 38
「皇祖神」はすり替えられていた!? 41
4 英雄スサノオが日本人に愛される理由 43
「ヤマタノオロチ退治」が暗示していること 44
5 国譲りと天孫降臨――「神話」と「歴史」がリンクする瞬間 48
神話に記された「地方豪族の服従の証し」 49
国家統一戦争を描いた「国譲り」の物語 51
コラム1 「三種の神器」の謎 58

2章

最大のミステリー　邪馬台国と卑弥呼

……いつ、どこに存在したのか？

1 中国の歴史書に記された謎の国「邪馬台国」　66

「やまたいこく」か「やまといっこく」か　71

2 書かれなかった「邪馬台国の最後」と「大和朝廷」の始まり　73

3世紀半ばを最後に「中国の史書」から姿を消した倭国　75

3 九州か畿内か――邪馬台国はどこにある？　77

「箸墓《はしはか》古墳」は卑弥呼の墓なのか　80

「邪馬台国東遷説」とは　82

邪馬台国は日本にはなかった!?　83

4 アマテラスか？　それとも皇女か？　謎の女王の正体　86

卑弥呼とアマテラスを結ぶ鏡　88

卑弥呼は「正統な皇女」だった？　90

モモソヒメの「神婚伝説」が語ること　92
5 女傑・神功皇后こそ卑弥呼なのか？　94
〝神憑《かみがか》り〟エピソードで知られる神功皇后はいなかった？　96
すり替えられた卑弥呼伝　99
6 邪馬台国最後の女王!?　13歳で王位についた「臺與《とよ》」　102
臺與は〝最初の斎宮《いつきのみや》〟だった？　105
「失われた歴史」の謎を解く鍵を握る女王　107

3章
「大和朝廷」に隠された闇
……その「正統性」と「天皇家の謎」に迫る！

1 「神武東征」は史実なのか？　110
「神話」にこそ真実が隠されている　111
なぜ「欠史8代」が生まれたのか　115

「皇紀」と深くリンクする天皇の歴史 117
紀元前660年の日本に「草薙の剣」は存在しえない!? 118

2 悲劇のヒーロー　ヤマトタケルの秘密 122
熊襲《くまそ》征討は「だまし討ち」 123
「非業の最期」もやむをえない? 124
「政治的意図」で捻じ曲げられた英雄譚 128

3 「空白の世紀」と「倭の五王」の謎 130
立ちはだかる〝中国表記の壁〟 132
日本古代史の「確実な基準点」となった発見 135

4 「倭国」から「日本」へ 138
「日本」という呼称はいつ定まったのか? 139

5 女帝・推古天皇は〝初代天皇〟だった? 142
蘇我馬子の〝傀儡《かいらい》天皇〟だったのか? 143
すぐれた先見性とバランス感覚 145

6 「王朝交替説」とは何か 148

「古王朝」――三輪山の麓に本拠を置いた王朝 151
「中王朝」――「倭の五王」の時代の王朝 152
「新王朝」――継体天皇の即位から始まる王朝 154
7 「天皇の陵墓」に眠るミステリー 157
「前方後円墳」の終焉に隠された政治的意図 159
「仁徳天皇陵」を古代工法で今、築造すると―― 161
8 大仙陵古墳に仁徳天皇は眠っていない？ 163
なぜ〝天皇陵の遺物〟がボストン美術館にあるのか 165
コラム2 謎の多き聖人 聖徳太子 168

4章 謎とロマンが交錯する「日本人のルーツ」

……伊勢神宮、出雲大社に隠された「驚くべき真実」

1 伊勢神宮に残された「神代文字」の謎 178

実在の可能性が高い神代文字「ヲシテ」 180
基本文字は「48種類」 182
神代文字は「方言」だった⁉ 183

2 「天孫降臨」の地はバビロニアにあった⁉ 186
シュメール語訳できる「天皇」の古語 188
『古事記』をシュメール語で読むと…… 190
スサノオはシュメールの神だった⁉ 194

3 「秦氏」はユダヤ人だったのか 196
「失われた10支族」が日本に来ていた？ 197
日本とユダヤの民には驚くべき共通点があった！ 199

4 出雲大社は「オオクニヌシの怨念」を封じ込めている？ 202
オオクニヌシを封じる「巨大なしめ縄」 204
出雲大社の「客神」に天《あま》つ神《かみ》が祀られている理由とは 207

5 伊勢神宮の「厳重神秘の儀式」に隠された謎 209
なぜ「菊花紋」と一緒に「六芒星《ろくぼうせい》」が石灯籠に刻まれた？ 211

5章
封印された日本の「古史古伝」
……なぜ、その文書は秘匿されてきたのか

1 中臣氏と物部氏の古文書から生まれた『三笠紀』の謎 216
中臣氏の歴史が収められた「幻の書」 218

2 「記紀」に対抗する独自の歴史観！『秀真伝《ほつまつたえ》』 221
神道の〝極意〟が隠された「究極の書」 223

3 「高天原《たかまのはら》＝富士山」説を伝える『宮下文書』 225
「神武東征」伝説の真実 227
富士山の大噴火と「天都」の終焉 230

4 『竹内文書』の驚くべき世界観・宇宙観 232
キリストや孔子は日本に〝留学〟していた!? 233
ピラミッドも日本起源？ 235
戦争で灰燼《かいじん》に帰した文書と神宝 238

5 邪馬台国は東北にあった!? 『東日流外三郡誌』 241
「神武東征」により、畿内から東北へ 242
津波で沈んだ国際港「十三湊」 245
6 熊野本宮大社の宮司家に伝わる『九鬼文書《くかみもんじょ》』とは 247
聖徳太子は「歴史の改ざん者」なのか? 251

編集協力◎藤木夢真、中村友紀夫

1章

「神話」に隠された古代史の真実

……歴史は「勝者」によって紡がれた！

1 『古事記』と『日本書紀』――「ふたつの歴史書」の謎

大化2年（646年）に発布された「改新の詔《みことのり》」。これにより**飛鳥の豪族支配の時代**から、**天皇を頂点とする時代**へと大転換が起こる。

世にいう**「大化の改新」**である。この政治的改革が実現したのは、稲目《いなめ》、馬子《うまこ》、蝦《えみ》夷《し》、入鹿《いるか》の4代にわたり政権を掌握してきた蘇我氏が打倒され、天皇が「失われていた権力」を取り戻したからにほかならない。

だが、改新の立役者である中大兄皇子《なかのおおえのみこ》（後の天智天皇）と中臣鎌足《なかとみのかまたり》によって蘇我氏が討たれた「乙巳《いつし》の変」で、天皇家は自分たちの〝歴史〟を失うことになる。

蘇我入鹿が飛鳥板蓋宮《あすかいたぶきのみや》で暗殺されたことを知った父の蝦夷は自害するのだが、その際、屋敷に火を放ったからだ。

これにより、蘇我氏政権に終止符が打たれたが、同時に、朝廷の歴史書を保管していた書庫までもが炎上。皇室の歴史を伝える『天皇記』（聖徳太子が馬子とともに620年に編纂《へんさん》したといわれる）など、数多くの歴史書が失われた。

これを憂いた天智天皇の弟である天武天皇が、それらに代わる歴史書の編纂を勅命する。そして舎人《とねり》の稗田阿礼《ひえだのあれ》が誦習《しょうしゅう》した『帝紀』『旧辞』を太安万侶《おおのやすまろ》が筆録、奈良時代最初期の和銅5年（712年）に完成したのが『**古事記**』だ。

その後、朝廷の書庫以外に存在した歴史書や焼け残った歴史書、伝聞も加えて編纂されたのが、養老4年（720年）に完成したとされる『**日本書紀**』である。

「記紀」とも呼ばれるこれらの歴史書は、日本という国の成り立ちや、その頂点に立つ天皇の歴史を知る上で、現存する最古の手がかりである。

その内容は、双方で異なる点もあるが、『聖書』や世界各国の神話がそうであるように、「天地創造」から語られている。

その意味では、**「記紀」は歴史書であると同時に、神典**としての役割も有するわけだが、あくまでも天武天皇の勅命を受けて編纂された国史である。

つまり、「神話」が日本の〝正式な歴史〟であると、天皇によって定められたのだ。

今日では、**「記紀」に描かれた「神話の背景」には、それに対応する「歴史的事実」があった**と考えられている。

であればなぜ、「記紀」の内容には〝食い違い〟があるのか。

実は、「記紀」に相違点が生まれたのは、この二書に課せられた「役割の違い」に因《よ》るところが大きい。それを語る前に、まずは、その相違点のいくつかを、ここで見てみよう。

「記紀」で全く異なる天地創造のプロセス

『古事記』『日本書紀』は、ともに混沌《こんとん》の中で天地創造がなされるところから始まる。

だが、この段階からすでに二書の間には相違点がある。

「天地《あめつち》初めて発《ひら》けし時、高天原《たかまのはら》に成りし神の名は、天之《あめの》御《み》中主神《なかぬしのかみ》、次に高御《たかみ》産《む》巣《す》日《ひの》神、次に神産《かむむ》巣《す》日《ひの》神」（次田真幸訳『古事記（上）』講談社）

と始まる『古事記』では、天にはアマテラスオオミカミ（天照大御神）が統《す》べる神々の国「高天原《たかまのはら》」があり、その意志のもと、地上に「葦原《あしはら》の中《なか》つ国《くに》」がつくられる。

したがって、葦原の中つ国、つまりこの国はアマテラスのものでもある。

地上はアマテラスの弟神タケハヤスサノオノミコト（建速須佐之男命）の子孫が治めていたのだが、アマテラスが欲したため、神々の力比べ（＝戦争）が繰り広げられ、その統治権は天に移譲される。

こうして地上を統治し始めたアマテラスの子孫が、後の天皇である。

つまり、天皇がこの国を治めることは、「神によって定められた」と記されているのだ。

他方、『日本書紀』では、

「天先《ま》づ成《な》りて地後《のち》に定《さだま》る。然《しかう》して後に、神聖《かみ》、其の中《なか》に生《あ》れます。（中略）時《とき》に、

天地の中に一物《ひとつのもの》生れり。（中略）便《すなは》ち神《かみ》と化為《な》る」（坂本太郎他校注『日本書紀（一）』岩波書店）

と記されており、創造のすべては陰と陽の理《ことわり》に従って自然に進んでいく。

『日本書紀』に登場する神々は『古事記』のそれと同じであるものの、一方、アマテラスは単なる日神《ひのかみ》（太陽神）にすぎない。

そして、葦原の中つ国は、神々の住まう天の国と対等であるのだが、その統治権は交渉（＝政治的取引）によって移譲されたと記されている。

なぜ「先祖を貶めるような記述」が容認されたのか

神々の時代の巻が終わり、天皇の時代が語られるようになってからも、こうした記述の差異が見られる。

それが最も顕著なのが、第25代・武烈《ぶれつ》天皇だ。『古事記』においては、跡継ぎがないこと、御子代《みこしろ》（大化の改新の前の、皇室の私有民）として小長谷部《おはつせべ》氏を定めたといった記述にとどまっているが、『日本書紀』においては「稀代の暴君」として描かれているのだ。

そこでは、妊婦の腹を割いて胎児を見たり、木に登らせた人に向かって矢を放ったり、その木を切り倒して落死するのを楽しんだりする様子が書かれている。

だが、すでに述べた通り、『日本書紀』は天皇の勅命で編纂されたものだ。そうであれば、自身の先祖を貶《おとし》めるような記述をなぜ容認したのだろうか。

そもそも、同じ時期に編纂され、ともに天武天皇の勅命で編まれた二書の内容が、ここまで異なるのはなぜか。

その理由は、当時の日本が置かれた内外の情勢に対処するため、『古事記』と『日本書紀』は別の目的を持って編纂されたためというのが今日の見解である。

「天皇の正統性」を知らしめるのが目的の『古事記』

「大化の改新」を成功させた天智天皇は、政治改革を推し進め、絶大なる権力を握った。だが、その一方で、内外に大きな問題を抱えていた。

天皇に即位する前の663年に、百済《くだら》の復興を企図して朝鮮半島へ出兵。唐と手を組んだ新羅《しらぎ》と戦争となり、「白村江《はくそんこう》の戦い」で大敗する。

百済復興計画が失敗に終わったどころか、朝鮮半島への足がかりを失い、唐・新羅連合軍の東征の脅威にさらされることになってしまう。

その危機に備えるため、天智天皇は玄界灘や瀬戸内海の沿岸に国防施設を築き、同時に百済の遺民たちを東国へ移住させた。また、667年には都を飛鳥の地から琵琶湖南端の近江大津宮《おうみおおつのみや》へ移したのだ。

これらが豪族や民衆の大きな負担となり、彼らの不満を蓄積させていくことになる。さらに、改革を推し進める上で、それまでの唐風を排除しようとするやり方に、旧体制派が大きく反発した。

このように、天智天皇には「失われた国史」を編纂する余裕は全くなかったのだ。

天智天皇崩御の後、672年の「壬申《じんしん》の乱」で覇権を握った天智天皇の同母弟、大海人皇子《おおあまのみこ》（天武天皇）は翌673年、飛鳥の浄御原宮《きよみはらのみや》で即位する。天武天皇は、内外の諸問題に対処し、その権力基盤を強固にするため、国史の再編を企図した。

そして、先に完成した**『古事記』は、天武天皇が正統な支配者の血筋であることを**

国内に向けて発信する役割を担わされていたと考えられている。
この時代、「大化の改新」を経た大和朝廷の権力基盤はまだ不安定だった。そのため、『古事記』では「日本の成り立ち」を神話体系とともに語り、**天皇家がアマテラスを祖とする「万世一系の存在」**であることを示す必要があったのだ。

対外政策の一環としての『日本書紀』

対して、その8年後に完成した**『日本書紀』は、唐・新羅といった、国外の脅威に対抗するための政治的要求**が背後にあったと考えられている。それは全体を構成する巻数や、登場する天皇の数、記述形式にも表われている。

『古事記』は全3巻で構成され、天皇は神代《かみよ》から推古《すいこ》天皇までの33代が描かれている。大和言葉が漢字表記され、記述は紀伝体（編年形式ではなく、人物の逸話を中心に話をまとめたもの）で、文学性の高いものだ。

一方の『日本書紀』は、30巻からなる大作で記述は編年形式、天皇も神代から第41代の持統《じとう》天皇までが登場する。天武天皇の皇子、舎人親王《とねりしんのう》、太安万侶らが編集にあたり、『古事記』が資料とした『帝紀』や『旧辞』に加え、『漢書』や『後漢書』『淮南《えなん》子《じ》』『百済記』といった中国・朝鮮の史書なども、幅広く典拠とした。

「一書にいわく」という、引用を意味する言葉が随所に用いられているのは、そのためだ。これは**意図的に客観性を持たせ、「史書としての立ち位置」を明確化するため**だと考えられている。

実は、「白村江の戦い」の大敗から約10年後の天智10（671）年12月、唐は日本に進駐すべく2000人の軍勢を送り込んできていた。ちょうど天智天皇の崩御と時期が重なったため、大和朝廷は大量の貢物を献上し、唐の軍勢を〝追い返す〟ことに成功したが、天智天皇の危惧は現実ものになろうとしていた。

当然、天武天皇もことの重大性は十分理解しており、唐に対する日本の立場、すなわち冊封《さくほう》体制（唐への朝貢を通じて「宗主国」対「藩属国」という従属関係を結び、その土地の統治を認められること）からの独立性を示す必要性を理解していた。

そのためにも、唐と同等の歴史書が必要だった。こうした政治的要求から、唐の史書に倣《なら》う形でつくられた壮大な歴史書が『日本書紀』だ。

つまり『日本書紀』は、自国民に向けたものではなかったのだ。編纂チームの中に中国人が入っていたこと、記述が漢文であること、完成した『日本書紀』が唐へ献上されたことからも、それは明らかである。

『日本書紀』における勝者とは？

このように、「目的」が異なるため、ふたつの歴史書の間には様々な食い違いが生まれたと考えられるが、もうひとつ忘れてはならないことがある。

それは、いつの時代でも、そしてどの国においても、**歴史は、勝者が残した記録**であるということだ。

つまり、歴史は勝者側の都合で紡がれたものなのだ。

『日本書紀』における勝者とは、言うまで

「歴史の勝者」である天武天皇。
「記紀」の編纂を勅命した。

もなく天武天皇であり、その跡を継いだ持統天皇だろう。

つまり、『日本書紀』では、自分たちにとって「都合のいいこと」は史実として残し、逆に都合の悪いことは取捨＝削除、あるいは改ざんしているのだ。今日の研究でも、それは明らかになっている。既述した武烈天皇に関する記述の差異も、そうした意図が働いたゆえに違いない。

いずれにしても、『古事記』や『日本書紀』を表面的に見るだけでは、「歴史の真実」に決して辿り着くことができないことは理解できるだろう。

その深淵には、いったいどんな真実が隠されているのか、次項以降でも探っていこう。

2 イザナキとイザナミの「国生み」が意味すること

前述した通り、『古事記』には「天地創造」の神話が語られている。

最初にアメノミナカヌシノカミ（天之御中主神）が高天原に現われ、続いてタカミムスヒノカミ（高御産巣日神）とカムムスヒノカミ（神産巣日神）（この3柱を「造《ぞう》化《か》の三神《さんしん》」という）が出現する。しかし、特に何かをするということもなく、姿を隠してしまう。

続いて現われるウマシアシカビヒコヂノカミ（宇麻志阿斯訶備比古遅神）、その後に登場するアメノトコタチノカミ（天之常立神）も、特に何もしない。しかし、先の3柱にこの2柱を加えた5柱は、別格の神とされる。

その後生まれたクニノトコタチノカミ（国之常立神）やトヨクモノノカミ（豊雲野

神）も、現われては消えていくだけである。

　そればかりか、その後に現われるウヒヂニノカミ（宇比地邇神）とスヒヂニノカミ（須比智邇神）、ツノグヒノカミ（角杙神）とイクグヒノカミ（活杙神）、オホトノヂノカミ（意富斗能地神）とオホトノベノカミ（大斗乃弁神）、オモダルノカミ（於母陀流神）とアヤカシコネノカミ（阿夜訶志古泥神）といった、兄妹にして夫婦である男女（と思われる）４組の神々も、何をするわけでもないのだ。

　たとえば、『旧約聖書』の『創世記』であれば、唯一神であるヤハウェがはじめに天と地を創造する。「光あれ」といった言葉に代表されるように、神の言葉によってこの世界が形づくられていく。

　だが、アメノミナカヌシを筆頭とする日本の神々は、ひたすら出現を繰り返すだけ。その記述には、神の御《み》業《わざ》らしきものは一切ない。

　しかし、注意深くその名を見ていくと、実は**神々が現われることによって、自然と天地創造がなされていった**ことがわかるという。

　たとえば、ウヒヂとスヒヂは「泥土」と「砂土」を表わしているといい、この世界の地盤が固まりつつあることを示していると考えられている。

続くツノグヒとイクグヒは大地に立つ杭《くい》で「人間」を表わし、オオトノヂとオオトノべはその杭に男女の「生殖器」（ヂは男性、べは女性）が授けられたことを意味している。このようにして、大地が生まれ、人間が誕生したことを象徴的に表わしているというのだ。

男女の営みになぞらえた「国生み神話」

一方、日本という国の誕生については、かなり具体的である。

オモダルとアヤカシコネに続いて登場するイザナキノカミ（伊邪那岐神）とイザナミノカミ（伊邪那美神）の兄妹でもある夫婦《めおと》神が、「この漂っている国を整えてつくり固めよ」と仰せつけられ、天沼矛《あめのぬぼこ》を授けられる。

ふたりが天の浮橋に立ち、矛《ほこ》をさし下ろして下界をかき回すと、その矛先から滴《したた》った雫《しずく》が積もって島ができる。

これが、「オノゴロ島」だ（現在の和歌山県友ヶ島などといわれる）。ふたりは、この島に八尋殿《やひろどの》という御殿を建て、結婚。そうして生まれたのが、日本列島である。

これが、いわゆる**「国生み神話」**だ。


この国生み神話の興味深いところは、ふたりの契りが実に具体的であることだ。ふたりはオノゴロ島に天《あめ》の御柱《みはしら》を立て、その御柱をそれぞれ右と左からまわったところで互いに声をかけ、その後、寝所で結ばれる。こうして島々が生まれていくのだが、このときの会話が実に赤裸々なのだ。その内容は、次のようなものである。

イザナキが「あなたの身体は、どのようにできているのか」と問うと、イザナミは「私の身体は十分に成長していますが、成長していないところ（女陰のことを示す）が1カ所あります」と答える。

するとイザナキが、

「私の身体は十分に成長しているが、成長しすぎたところ（男根のことを示す）が1カ所ある。そこで、この私の成長しすぎたところで、あなたの成長していないところを刺して塞《ふさ》いで、国土を生みたいと思うのですが」

と提案し、イザナミがこれを受け入れるのだ。

なんともストレートなやり取りであるが、実際に『古事記』にはこのように書かれている。

なお、オノゴロ島を形づくった矛から垂れた雫は、精液の象徴だといわれている。いずれにしても、この国は神々が身体を合わせることで誕生したことは間違いない。

〝穢れをはらった〟後に生まれた皇祖神

このふたりのやり取りには、他にも興味深いものがある。

既述したように、御柱をまわって〝出会った〟ふたりは、互いに声をかけ合うのだが、最初に声を発したのはイザナミである。「立派な青年」というイザナミに対し、「本当に美しいお嬢さん」とイザナキが応じる。

かくして結ばれたふたりであるが、生まれてきたのは骨のない「ヒルコ（水蛭子）」であった。

この神話においては、「結婚は男性から声をかけるのが正しい」というルールを伝えようとしていると考えられている。

以来、ふたりはこのルールにのっとり、四国、九州、本州と八つの島を生んでいく。こうして、今日の日本の原型である「大八島国《おおやしまのくに》」が誕生する。

その後に、小さな島々が生まれ、海や川、山や野などの神々も誕生し、現在の日本の基礎が完成したのである（ちなみに、この時代には北海道や沖縄が含まれていない）。


たくさんの神を生んだイザナミであったが、「火の神」を生んだときに女性器にヤケドを負い、それが原因で死んでしまう。その死を悲しんだイザナキは、妻を取り戻そうと死後の世界である「黄泉《よみ》の国」へと行く。

だが、すでに黄泉の国の食べ物を口にしたイザナミは、自らの意思で地上に帰ることはできない。そこでイザナミは自分の姿を見ないことを条件に、黄泉の国の神と相談すると提案した。しかし、イザナキはその約束を守ることができず、変わりはてたイザナミの姿を見てしまう。

イザナミの腐敗した身体には、ウジがたかっていた。その姿を見たイザナキが驚いて逃げ出してしまったから、イザナミは怒り狂った。夫を捕まえようと追いかけるが、イザナキはなんとか逃げおおせ、黄泉の国へと通じる黄泉比良坂《よもつひらさか》を岩で塞いでしまう。あきらめきれないイザナミは「お前がつくった人間を1日に1000人ずつ殺してやろう」と呪いの言葉をかける。

それに対してイザナキは「ならば、1日に1500人ずつ子どもをつくろう」と答え、その言葉通り、この国では毎日500人ずつ人間が増えていくことになるのだ。

こうして地上に戻ったイザナキは、黄泉の国での穢《けが》れをはらうために、禊《みそぎ》を行なう。現在でも伝わる死（＝穢れ）と禊の関係は、すでに神話の時代からあったのだ。

そして、この禊のときに生まれたのが、太陽神であり、天皇の祖先神でもある**アマテラスオオミカミ（天照大御神）**なのだ。

かくして、「ひのもと」の王である天皇家の物語が始まるのだが、次項では、このアマテラスの謎を見ていこう。

3 皇祖神アマテラスとは誰か

黄泉の国から戻ったイザナキノカミ（伊邪那岐神）が、その穢れをはらうために禊を行ない、左目を洗ったことで生まれたのがアマテラスオオミカミ（天照大御神）であると書いた。

このアマテラスは**皇室の祖神であるとともに、日本国民の総氏神**である。「記紀」によれば、太陽を神格化した神であり、「オオヒルメノムチノカミ（大日孁貴神）」「オオヒルメノミコト（大日孁尊）」「オオヒルメ（大日霊）」などと呼ばれ、一般的には女神として認識されている。

だが、「アマテラスは、もともとは男神ではないか」という説もある。

たしかに、「ヒルメ」という言葉は「日の女神」を指すが、「オオヒルメノムチ」は「太陽神を祀《まつ》る女性（巫女《みこ》）」ともとれる。

そもそも、「アマテラス」という神の名は、この神特有の名前ではない。『延喜《えんぎ》式神名帳《しきじんみようちよう》』（10世紀に編纂された神社一覧）によれば、新屋坐天照御魂《にいやにますあまてるみたま》神社に祀られる「アマテルミタマノオオカミ（天照御魂大神）」など、アマテラスに由来する神は他にもいる。

しかも、それらはみな、男神なのである。

さらに言えば、世界を見渡す限り、太陽神は男神がほとんどだ。そう考えると、アマテラスが男神であることのほうが、むしろ自然に思えてくるだろう。

こうしたことから、**アマテラスは、「記紀」編纂の際、意図的に女神にされた**という説も決して少なくない。では、なぜアマテラスは女性として描かれなければならなかったのか。

◈「アマテラスのモデル」は持統天皇だった？

天武天皇の勅命で始まった「記紀」の編纂は、その在位（673〜686年）中には完成することなく、天武天皇の皇后であり、その皇位を継承した**持統天皇**の在位中に継続して行なわれた（天武天皇が686年に崩御すると、即位せずに天皇にかわって政治を行ない、689年、皇太子であった実子、草壁皇子《くさかべのみこ》が死亡したため、天皇に即位した）。

このことが、「記紀」、ひいてはアマテラスに大きな影響を与えたという説がある。

この持統天皇は、実子である草壁皇子に皇位を継承させようと画策、草壁と腹違いの兄弟である大津皇子《おおつのみこ》を自害に追い込んだ。

そして、不幸にも草壁皇子が夭折《ようせつ》すると、690年に自身が即位、草壁皇子の子である軽皇子《かるのみこ》（後の文武《もんむ》天皇）に譲位する697年まで、天皇の座から降りようとせず、702年までは後見の形を取っていた。

持統天皇は「自らの血筋」をつなぐことにこだわったのだ（しかも、文武天皇に譲位後、太上《だじょう》天皇と称した。これが太上天皇号の最初である）。

そして、アマテラスの女神化とは、「持統天皇が軽皇子へ天皇の位を譲ることを正当化するため」のものだという説がある。

持統天皇から孫の軽皇子への譲位は、アマテラスオオミカミが、その孫であるニニギノミコト（邇邇芸命）を地上へ遣わした「天孫降臨」（アマテラスオオミカミの命を受け、「葦原の中つ国」を治めるため、ニニギノミコトが高天原から日向国《ひゅうがのくに》の高千穂の峰へ天降《あまくだ》ったこと）と同じ構造を演出したというのである。

ちなみに、持統天皇の名は、**高天原広《たかまのはらひろ》野姫尊《のひめのみこと》**である。「何やら暗示的」と思ってしまうのは、筆者だけではあるまい。

『日本書紀』によれば、持統天皇は寛大で落ち着き、礼にかなった行動をとれる

●持統天皇の系図

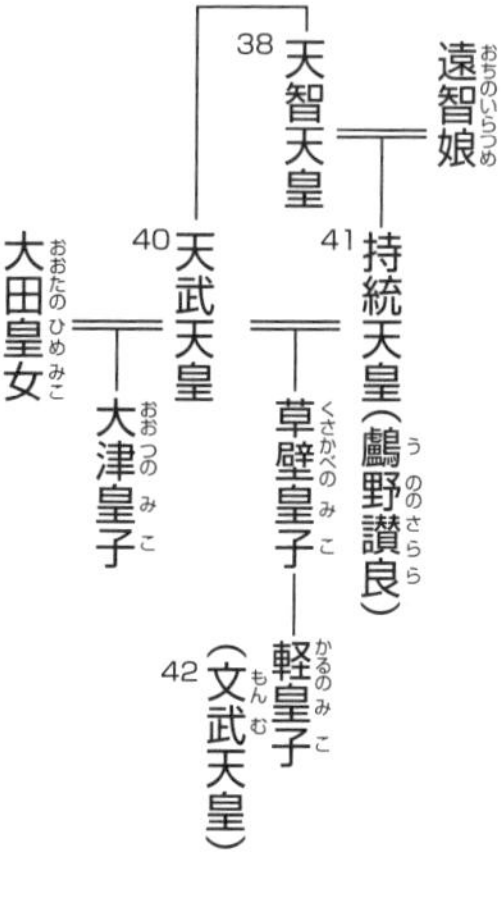

人物で、母親としてもよくできており、仏教や歌にも関心が高かったという。既述した通り、歴史は「勝者の都合」で書き換えられることが少なくはない。そう考えると、この「アマテラスの女神化」という主張も決して突飛ではないのである。

「天の岩屋戸伝説」は皆既日食を描いたもの？

話を神話へと戻そう。

禊を行なうイザナキから生まれたのは、アマテラスオオミカミだけではない。右目からは**ツクヨミノミコト（月読命）**が、鼻からは**スサノオノミコト（須佐之男命）**が生まれている。

この三人の神は「三貴子《みはしらのうずのみこ》」とも呼ばれ、アマテラスが天上、すなわち高天原を、月の神であるツクヨミが夜の世界「夜の食国《よるのおすくに》」を、そしてスサノオは海を治めるよう命じられた。

スサノオは亡き母を恋しがった（『日本書紀』では、三貴子はイザナミノカミ〈伊邪那美神〉との間に生まれたとされている）。

母のいる根の堅州国《ねのかたすくに》（黄泉の国と出入口を同じくするとされる異界の地）へ行きたいと泣いてばかりで、それが原因で数々の天災が引き起こされる。困り果てたイザナキは、スサノオを追放し、自分も隠居してしまう。

だが、スサノオは落ち込むどころか、晴れて根の堅州国へ行けると大よろこび。別れの挨拶をするべく、姉のアマテラスのもとを訪れる。

アマテラスは弟が高天原を奪いにきたのではないかと怪しんだ。

しかし、アマテラスとスサノオは、互いの剣と玉を交換して、心証をたてること（誓約《うけい》。ある事柄に関して、「それが真実であればこうなり、間違いであればこうなる」などと宣言してから、物事を判別すること。この場合は、アマテラスとスサノオがそれぞれ子どもを生み、それが男神か女神かによって、スサノオに邪心があるかどうかを判断した）を提案し、スサノオは身の潔白を証明する。

こうして、高天原に留まったスサノオであったが、姉の許しを得た彼の蛮行はとどまるところを知らなかった。

最初はスサノオをかばっていたアマテラスであったが、神聖なる機織《はたお》りの御殿が弟のいたずらで穢されたとき、その暴挙を恐れ、天の岩屋戸に閉じこもってしまう。

あまりにも有名な**「天の岩屋戸伝説」**である。

太陽神が隠れてしまったため、天も地も闇に閉ざされ、世界は禍《わざわい》で満たされてしまう。

これに慌てた八百万《やおよろず》の神は、アマテラスの気をひこうと、岩屋戸の前で盛大な祭りを開くことにした。玉や鏡を飾り、祝詞《のりと》を唱え、アメノウズメノミコト（天宇受売命）は胸元や秘所をあらわにして踊った。

そうして神々が祭りに興じていると、笑い声が気になったアマテラスは戸を開けて、少しだけ顔を出す。

このときを待っていた力自慢の神が岩屋戸をこじ開けて、ようやくアマテラスの光がこの世界に戻ったのだ。

この「天の岩屋戸伝説」は、近年の研究から**皆既日食を描いたもの**であるとも言われている。

「皇祖神」はすり替えられていた!?

ちなみに、アマテラスとスサノオが誓約を行なった際にも、数人の神々が生まれている。

アマテラスがスサノオの剣を折り、かみ砕いて息を吹くと、3人の女神が生まれた(宗像《むなかた》大社に祀られる「宗像三女神」である)。

そして、アマテラスの玉をスサノオがかみ砕き、息を吹くと5人の男神が生まれ、ふたりは互いが生んだ神を自身の子とする。

こうした経緯でアマテラスの子となった男神のひとりにアメノオシホミミノミコト(天忍穂耳命)がいる。

そして、このアメノオシホミミの息子が、後にアマテラスから**「天孫降臨」**を命じられるニニギノミコトであり、初代天皇である**神武天皇の曾祖父**である。

「スサノオの息から生まれた男神」の子どもがニニギノミコトであるから、私にはスサノオが皇祖神なのではないかとも思えてしまうのだが、『古事記』『日本書紀』ではあくまでもアマテラスが正統な皇祖神とされている。

ここでもアマテラスのモデルである持統天皇の「正統性」を示すために本来の神話が歪められ、皇祖神が〝すり替えられた〟のではないかというのは、さすがに筆者の考えすぎだろうか。

4 英雄スサノオが日本人に愛される理由

さて、「記紀」で描かれるスサノオノミコト（須佐之男命）は、実に〝表情豊か〟である。

母を恋しがる姿は子どものようだが、駄々をこねて草木や河海まで枯らす姿、高天原で田の畔《あぜ》を壊したり、神殿を汚物で穢したりする傍若無人ぶりは、まるで悪鬼のようである。

こうしたキャラクターが与えられたのは、**スサノオが台風などの自然災害を象徴し**ているからだと考えられている。粗暴なスサノオの振る舞いにアマテラスオオミカミ（天照大御神）が天の岩屋戸に隠れてしまう様子は、荒れ狂う風雨によって光を封じられた太陽を象徴しているとされる。

だが、読者諸兄になじみ深いのは、そうした荒神としての逸話ではなく、「英雄」としてのスサノオの伝説だろう。天の岩屋戸隠れの騒動の後、スサノオはついに高天原から追放されることになる。

だが彼は、あれほど恋い焦がれた母のいる根の堅州国へ向かうことはなく、地上にある出雲国（現在の島根県）へ天降るのだ。

「ヤマタノオロチ退治」が暗示していること

スサノオが出雲を流れる「簸川《ひのかわ》」の川沿いをあてどなく歩いていると、悲しみにくれている老夫婦と若い娘に出会う。

この3人は、この国を治めるオオヤマツミノカミ（大山津見神）の子アシナヅチ（足名椎）とその妻、そして娘の**クシナダヒメ（櫛名田比売）**である。誰あろうこのクシナダヒメこそ、後にスサノオの妻となる娘だ。

スサノオが親子に泣いている理由をたずねると、この地にはおそろしい大蛇が棲んでいて、クシナダヒメがその生贄《いけにえ》になってしまう運命を悲しんでいるという。

スサノオはヤマタノオロチを退治し、クシナダヒメを妻にした。
『素戔嗚尊出雲の簸川上に八頭蛇を退治したまふ図』（月岡芳年）

その大蛇の名は、**ヤマタノオロチ（八俣大蛇）**。その名の通り、8つの頭に8本の尾、8つの谷と山をまたぐほど長い胴を持つという化け物だ。

美しいクシナダヒメを見初めたスサノオは、クシナダヒメを妻に迎えることを条件に、ヤマタノオロチ退治に乗り出す。

クシナダヒメを歯の多い櫛に変えて自分の髪の中に隠すと、まずは老夫婦に強力な酒を用意させた。それから垣と門、祭壇を8つ用意させると、そこに酒を配置する。

はたして、姿を現わしたヤマタノオロチは、祭壇の酒を飲み干すと、酔っ払って眠ってしまう。このチャンスを待っていたスサノオは、オロチの頭と尾をばっさり切り落とす。

こうして息絶えたヤマタノオロチの尾の1本から、鋭い剣が見つかる。これを取り出したスサノオはアマテラスに献上するのだが、この剣こそ**三種の神器**のひとつ、**草《くさ》薙《なぎ》の剣《つるぎ》（天叢雲《あめのむらくもの》剣《つるぎ》）**なのである。

その後、クシナダヒメを妻に迎えたスサノオは、「須加《すが》の地」に宮殿を建てる。それが完成したときに詠んだ歌「八雲立つ　出雲八重垣　妻ごみに　八重垣つくる　その八重垣を」は、**日本最初の和歌**とされている。

その後、スサノオとクシナダヒメは、たくさんの子宝に恵まれ、出雲国を治める神として暮らしていくのだ。

あらためて見ると、スサノオは神でありながら、ひどく人間くさく描かれているのがわかる。甘えん坊で暴れん坊であった幼少期を経て、血気盛んな青年期にはやんちゃもするが、大義も果たしている。

やがて妻を娶《めと》って落ち着くと、歌を楽しむ風流を知るようになった。それはまさしく、大人へと成長していく人間の一生のようではないか。

スサノオがこの国で親しまれてきたのは、こうした姿に共感を覚えるからだろう。


さて、日本神話の中でも、最も有名なヤマタノオロチ退治だが、「8つの隊からなる盗賊を討伐した武勇がモチーフ」という説をはじめ、様々な説が唱えられている。

その中でも注目すべきは、ヤマタノオロチは氾濫を繰り返す河を象徴する存在であり、スサノオのヤマタノオロチ討伐は、「治水事業の成功」を表わしているという説だ。

実際、古代中国・夏王朝の始祖であり、伝説の聖王といわれる「禹《う》」がなした黄河の「治水伝説」をはじめ、類話は各地にある。

そのことからも、ヤマタノオロチ退治の伝説は治水事業の成功譚《たん》である可能性は高いだろう。

5 国譲りと天孫降臨――「神話」と「歴史」がリンクする瞬間

さて、クシナダヒメ（櫛名田比売）と結婚したスサノオノミコト（須佐之男命）が出雲国の神として君臨したその後、神々の時代は大きな変革期を迎える。

その物語はスサノオの6代目の子孫であるオオナムチノカミ（大己貴神＝大穴牟遅神）、後に地上の神「国つ神《くにかみ》」の代表となる**オオクニヌシノカミ（大国主神）**が中心となって進む。

このオオナムチは『因幡《いなば》の白兎《しろうさぎ》』で兎に救いの手を差し伸べ、出雲の女神ヤカミヒメ（八上比売）と結ばれる「大国《だいこく》さま」である。

昔話や童話で親しんできた物語の実体は、オオクニヌシが出雲の国の王であることの「正統性」を伝えるものだったのだ。

だが、オオナムチは兎を救っただけで、あっさりと国の主権を手に入れたわけではない。ヤカミヒメへの求婚に失敗した兄の八十神《やそがみ》（多数の兄）たちによる様々な妨害にあい、母の必死の助命で助かるものの、二度までも命を落としかけている。

だが、それでも八十神たちの気持ちは収まらず、オオナムチはスサノオのいる根の堅州国へと向かうことになる。

◈神話に記された「地方豪族の服従の証し」

そこでオオナムチは、運命の出会いをする。スサノオの娘スセリビメ（須勢理毘売）と一瞬で恋に落ちたのだ。だが、スサノオは、それがおもしろくない。

かくして、オオナムチはスサノオから様々な妨害を受けることになる。だが、オオナムチはこうした〝試練〟を乗り越え、スサノオの太刀と弓を奪い、スセリビメとともに根の堅州国を脱出する。

スサノオは葦原の中つ国との境にある黄泉比良坂まで追いかけてきたが、ついにオオナムチを認め、盗んだ太刀と弓で兄たちを倒し、オオクニヌシと名乗って地上を治めろという。こうしてオオナムチはオオクニヌシとなり、出雲で国づくりを始めるのだ。

オオクニヌシの国づくりは、実に特徴的である。各地を訪ねて、歌を詠んで女を口説いては、子どもをつくるのだ。

日本の神話の多くが「歴史的事実」をベースにしたものであると考えられることから、**オオクニヌシの国づくりの物語は、出雲の豪族が周辺の有力な豪族を支配下に治めていく過程を描いたもの**だろう。

だが、もちろん女性を口説くだけで国が手に入るわけではない。実際には、戦《いくさ》や政治的取引によってオオクニヌシの配下に加わった地方豪族が、服従の証しとして娘を差し出したのかもしれない。

こうしてオオクニヌシの国づくりは続き、各地の女性との間に生まれた子（神）は、実に180人にも達する。これが支配下に治めた豪族の数であったとすれば、オオクニヌシの国がいかに大きく成長したかがわかるだろう。

その後は、スクナビコナノカミ（少名毘古那神）をはじめ、様々な神が現われては消えるが、その登場に何かの意味があるのか否か、いまだ答えは出ていない。

いずれにしても、オオクニヌシの国づくりはここで終わり、物語の舞台は高天原へ移っていくことになる。

国家統一戦争を描いた「国譲り」の物語

オオクニヌシの支配によって繁栄する出雲の様子を見たアマテラスオオミカミ（天照大御神）は、

「この地を統治するのは、国つ神（葦原の中つ国にいる神）のオオクニヌシではなく、天《あま》つ神《かみ》（高天原にいる神）である自身の子であるべき」

と思い立つ。そして、前述した息子のアメノオシホミミノミコト（天忍穂耳命）に白羽の矢をたてた。

だが、天つ神が地上界を統治すると聞いた国つ神たちが、そうはさせまいと騒いだために、これは取りやめになった。そこでアマテラスは、別の息子であるアメノホヒノミコト（天菩比命）を遣わしたのだが、彼はオオクニヌシの家来になってしまう。

雷神タケミカヅチとタケミナカタの力比べが行なわれた稲佐の浜。
破れたタケミナカタは信濃国・諏訪の地へ逃れた。

仕方なくアマテラスはアメノワカヒコ（天若日子）を送るが、彼はオオクニヌシの娘シタテルヒメ（下照比売）と結婚。出雲に御殿を築いて居座るが、葦原の中つ国の支配者になろうと邪心を抱いたことがきっかけで、命を落としてしまう。

そこでアマテラスは、力自慢の**雷神タケミカヅチノオノカミ（建御雷之男神）**を派遣する。出雲の伊那佐《いなさ》の小浜《おばま》（現在の稲佐の浜）に降り立ったタケミカヅチは、携えていた「十拳剣《とつかのつるぎ》」を逆さに突き立て、その切っ先の上にあぐらをかくと、オオクニヌシに国譲りを迫った。

オオクニヌシはその是非を子のコトシロ

ヌシノカミ（事代主神）とタケミナカタノカミ（建御名方神）に託すが、コトシロヌシらは無条件で降伏。タケミナカタは力比べを持ちかけるが、タケミカヅチに一捻りにされると、逃げ出してしまう。

こうしてオオクニヌシは国を譲ることになるのだが、それとひきかえに自身が住む宮殿の建築を願い出ている。そして建てられたのが、日本初で最大級の高層建築である**出雲大社**だとされている。

タケミカヅチとタケミナカタの力比べは、相撲の起源とされているが、このくだりは『日本書紀』では消されている。先に完成した『古事記』にはあることから、なんらかの意図が働いて、消されたに違いないだろう。

それがなぜかは現在も答えが出ていないが、この**タケミカヅチとタケミナカタの戦いが、実際には人間同士の戦争だった**ということは、多くの研究者の共通した見解である。

つまり、**「国譲りの物語」は大和朝廷による国家統一戦争を、神話的に描いたもの**だというのだ。

その可能性を示す、歴史的遺物もある。出雲の地からは、銅鐸《どうたく》や銅剣、銅矛が数多く発見されているのだが、ここを境に東は銅鐸の文化圏であり、西から九州にかけては銅剣と銅矛の文化圏なのである。

出雲を境にしたふたつの文化圏（＝国家）が衝突（＝戦争）し、それが出雲で融合（＝統一）されたと考えられるのだ。だとすると、敗れたオオクニヌシは東の銅鐸の文化圏の国家の王であろう。

なぜなら、タケミカヅチによって平定された葦原の中つ国にアマテラスが遣わした孫のニニギノミコト（邇邇芸命）が降り立ったのは、現在の宮崎県である日向の高千穂（異説もある）とされているからだ。

ニニギが出雲に降り立たなかったことはしばしば疑問視されるが、銅剣、銅矛の文化を持つ九州の勢力であったとすれば、合点もいくだろう。

「神話」と「現実」の見事なクロスオーバー

アマテラスから託された「三種の神器」とともにこの地に降り立ったニニギは、コノハナノサクヤビメ（木花之佐久夜毘売）と出会い、結婚する。

　このとき、彼女の姉イワナガヒメ（石長比売）も娶るように父親のオオヤマツミノカミ（大山津見神）に勧められるのだが、イワナガヒメが醜かったことから、ニニギはこれを断っている。

　これに対してオオヤマツミは、「妹を娶るだけでは、その寿命ははかないものとなる」と言い、**以降生まれる神の子孫（後の天皇）には、「寿命」という概念が付与**される。

　このあたりの、**「神話」と「現実」がクロスオーバー**していく描写は実に興味深い。

　ともあれ、ニニギはホデリノミコト（火照命）、ホスセリノミコト（火須勢理命）、ホオリノミコト（火遠理命）という3人の子宝に恵まれる。

　長男のホデリと三男のホオリは、それぞれ「海幸彦《うみさちびこ》（海佐知毘古）、山幸彦《やまさちびこ》（山佐知毘古）」として童話化もされているが、実はここにも、国家統一戦争を暗示する物語が語られている。

海の神の娘トヨタマビメ（豊玉毘売）と結婚したホオリは、豊穣に恵まれるようになり、やがて兄のホデリを仕えさせるまでになるのだが、そのホデリの子孫が九州の**隼人**《はやと》（古く薩摩や大隅《おおすみ》に住み、大和朝廷に従わなかった部族。8世紀には服従。熊襲《くまそ》と同族説もある）だというのだ。

そして、このホオリとトヨタマビメの間に生まれたウガヤフキアエズノミコト（鵜葺草葺不合命）の子、すなわち神であるニニギノミコトの曾孫が、**後に神武天皇となるカムヤマトイワレビコノミコト（神倭伊波礼毘古命）**である。

かくして「神話」が「歴史」へと移行するのだが、なぜこうも回りくどく描く必要があったのだろうか。

「国譲り」や「天孫降臨」の物語といった神話になぞらえなくとも、「出雲との戦争に勝利した大和朝廷が国家統一を成し遂げた」と、自らを讃える歴史として記してもいいはずだろう。

しかし、そうはせずに「神代からの物語」として記した理由は、「大和朝廷＝天皇こそが、この国の正統な支配者である」ことを誇張する必要があったからにほかならない。

大和朝廷との「国家統一戦争」に敗れた出雲の民からすれば、朝廷側は「侵略者」にすぎない。

そこで、「世界の始まり」や「神の存在」から連綿と語ることで、大和朝廷＝天皇こそが「偉大なる血」を継ぐ唯一無二の存在で、支配者にふさわしいと示そうとしたのではないだろうか。

●神武天皇の系図

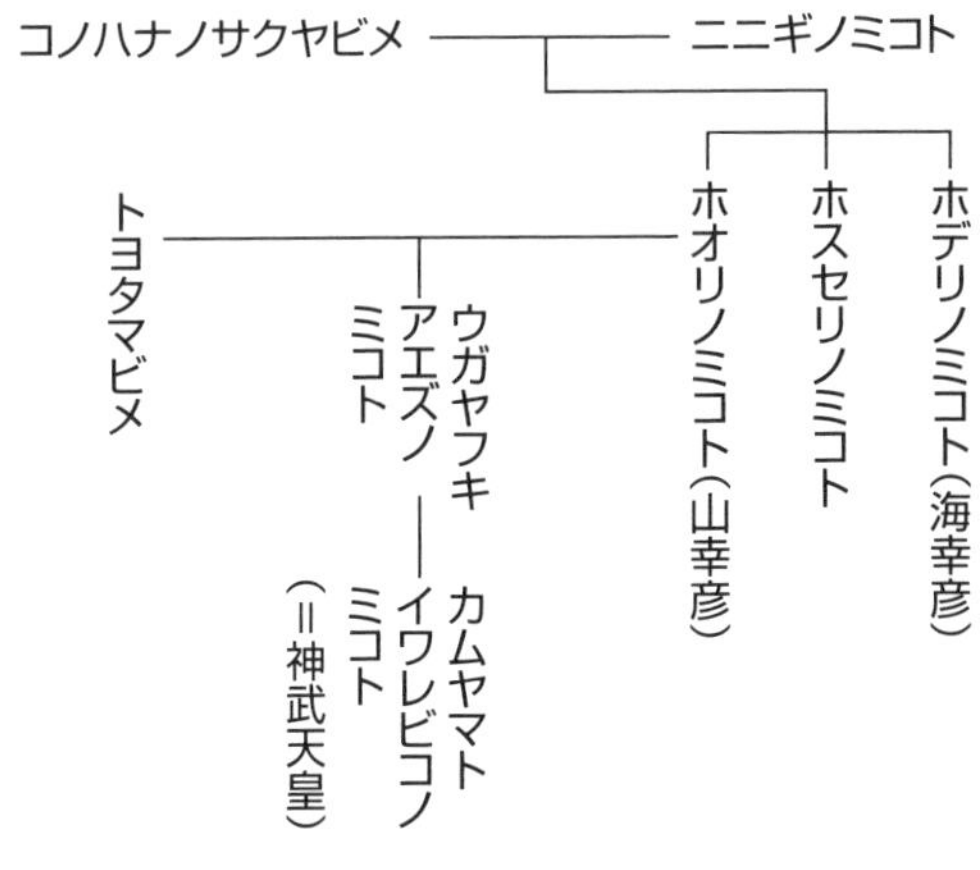

コラム1

「三種の神器」の謎

はるか古代、天孫降臨がなされた神話の時代から、「皇位の御しるし」として継承されてきた**「三種の神器」**。

この三種の宝物とは、鏡と剣、そして勾玉《まがたま》である。その起源が神話にあることから実在を疑う声も少なくはないが、第二次世界大戦の敗戦直後に、昭和天皇が皇太子明《あき》仁《ひと》親王にあてた手紙の中には、

「戦争をつづければ　三種神器を守ることも出来ず」

とある。

そして、昭和最後の日に皇居で執り行なわれた明仁天皇の即位式「剣璽《けんじ》等承継の儀」でも、天皇の印（御璽《ぎょじ》）、日本国の印（国璽《こくじ》）とともに、剣と勾玉が継承されて

いる。

つまり、「三種の神器」は皇位の証しとして、今もこの国に存在し続けているのである。

そもそも「三種の神器」は、皇祖神であるアマテラスオオミカミ（天照大御神）が天孫ニニギノミコト（邇邇芸命）を葦原の中つ国に降すときに下賜《かし》したものだ。

その際に、葦原の中つ国は自身の子孫が君主となるべき国であり、神器を皇位の御璽とせよと神勅を下しているのである。

以来、この「三種の神器」は皇位の証しとして、長く受け継がれてきたのだ。

◇八咫鏡はアマテラスの化身か？

最も重要視されているのが「八咫鏡《やたのかがみ》」である。

古代から鏡には不思議な力があり、そこに映ったものの魂を宿すと考えられてきた。

そしてこの鏡は、アマテラスオオミカミが天の岩屋戸にこもった際、アマテラスを誘い出すためにつくられたものだ。

つまり、岩屋から現われたとき、鏡にもその姿が映ったとされ、それゆえにアマテラスの魂を宿しているとされているのだ。

『日本書紀』によれば、アマテラスはニニギに鏡を下賜する際、「(この鏡を見るときは)われ(アマテラスオオミカミ)を見るがごとくせよ」と伝えたことから、八咫鏡がアマテラスの分身として神聖視されている。

神話では、イシコリドメノミコト(伊斯許理度売命)が天《あめ》の安河《やすのかわ》上流の天《あめ》の堅石《かたしは》を取り、天《あま》の香久山《かぐやま》の金を取って、冶工《やこう》につくらせたものと伝えられる。

その名にある「咫《あた》」とは長さの単位で、一咫は18・4センチメートルである。つまり八咫鏡は円周、あるいは直径が約147センチメートルもあるのだ。

当初は大きな鏡をたとえた呼称とも考えられたが、福岡県の平原《ひらばる》遺跡から直径46・5センチメートルの大鏡が発見されたことから、がぜん八咫鏡の実在性は真実味を帯びてきた。

『皇太神宮儀式帳《こうたいじんぐうぎしきちょう》』などの記録では、その大きさは直径約49センチメートルとされているが、それでも古代の基準でみれば、並外れた大きさである。人の手でつくられたものだとしても、当時としては卓越した技術をもってして形づくられたものであろう。

この八咫鏡は、第11代垂仁《すいにん》天皇の時代に伊勢神宮に移され、宮中にはその御写しが保管されているという。『日本書紀』では、アマテラスが「床を同じく、殿《おおとの》をひとつにして」と言っている。

道教の思想では、鏡は宇宙の最高神の権力を象徴するが、八咫鏡はそれと関連があるともいわれている。

◇熱田神宮のご神体「草薙の剣」

「草薙の剣」は、スサノオノミコト（須佐之男命）がヤマタノオロチ（八俣大蛇）を退治した際、その尾から取り出されたものだ。スサノオが携えていた名剣を刃こぼれさせたというほど鍛え抜かれた剣で、後にアマテラスに献上される。

この草薙の剣も八咫鏡とともに伊勢神宮に祀られていたが、第12代景行《けいこう》天皇の皇子・ヤマトタケルノミコト（倭建命）が東征の際に帯刀。焼津《やいづ》（静岡県）の地で敵の

「草薙の剣」を祀る熱田神宮。
本殿は伊勢の神宮とほぼ同様の神明造り。

奇襲にあったとき、腰からひとりでに飛び出し、周囲の草を薙《な》ぎ払ったという、神秘の力を帯びた文字通りの「霊剣」なのである。

このとき、もともとは天叢雲剣と呼ばれていた名を、草薙の剣とあらためたという。

その後、尾張《おわりの》国造《くにのみやつこ》の娘、ミヤズヒメ（美夜受比売）を妃としたヤマトタケルは、剣を妃のもとに残したまま近江国伊《おうみのくにい》吹山《ぶきやま》の賊の平定に向かうが、その山中で毒気に触れたことにより亡くなってしまう。

死の直前、ヤマトタケルは、剣の行く末を想い、

「乙女の床のべに　わがおきし剣のたちそ

の太刀はや」

と歌を詠んだという。

ヤマトタケル亡き後、ミヤズヒメは、託されたその剣を、かねてから尾張一族の祭場であった「熱田」に、ご神体として祀ったと伝えられている。

◇神魂がこめられた「八尺瓊勾玉」

三種の神器の中で、最もミステリアスなのが「八尺瓊勾玉《やさかにのまがたま》」である。

勾玉とは、古墳時代の遺物によく見られる湾曲した玉のことで、日本独特の形状を持ったものである。その由来は動物の牙、三日月を模したなどといわれる一方で、人間の心臓、すなわち霊魂を象徴するものだとも考えられている。

現在も宮中で、璽《しるし》の御筥《みはこ》という箱に納められているとされる勾玉だが、その箱を開けることは、たとえ天皇であっても許されていない。

10世紀には冷泉《れいぜい》天皇が開けようとしたことがあったというが、白雲のようなものが立ち昇ったため、畏怖してやめたという記録があるくらいだ。

つまり、誰も見たことがないのである。それゆえ、その正体は想像もつかないが、もし勾玉が霊魂の象徴だとしたら、その魂の主は鏡と同様にアマテラスが最もふさわしい。

そうであれば、想像を超える「神秘のパワー」がこの宝玉にはこめられているに違いない。

ここまで見てきたように、「三種の神器」は一般人である我々はもちろん、天皇でさえ容易に見ることは許されていない文字通りの「秘宝」であった。

神話で語られる「秘宝」が実際に存在し、それが現在まで受け継がれているケースは、世界的に見てもきわめて珍しい。

その正体がなんであれ、やはり神器には神の御魂、〝神魂〟が宿っているに違いない。

2章

最大のミステリー　邪馬台国と卑弥呼

……いつ、どこに存在したのか？

1 中国の歴史書に記された謎の国「邪馬台国」

日本の古代史において最もミステリアスな存在といえば、女王**「卑弥呼《ひみこ》」**が治めたという**「邪馬台国《やまたいこく》」**だろう。

邪馬台国は、弥生時代の1～3世紀、もしくは2～3世紀に、この日本のどこかに存在したとされている。

しかし、日本の史書における邪馬台国に関する記述は皆無に等しい。『日本書紀』には註として記述されているが、それも3世紀末に成立した中国の史書『三国志』の中の**『魏志倭人伝《ぎしわじんでん》』**からの引用である。つまり、古来より邪馬台国は、多くの謎に満ちた国だったのだ。

近年では、**「大和朝廷と連続性がある小国の連合」**とみなす意見も多いが、その関

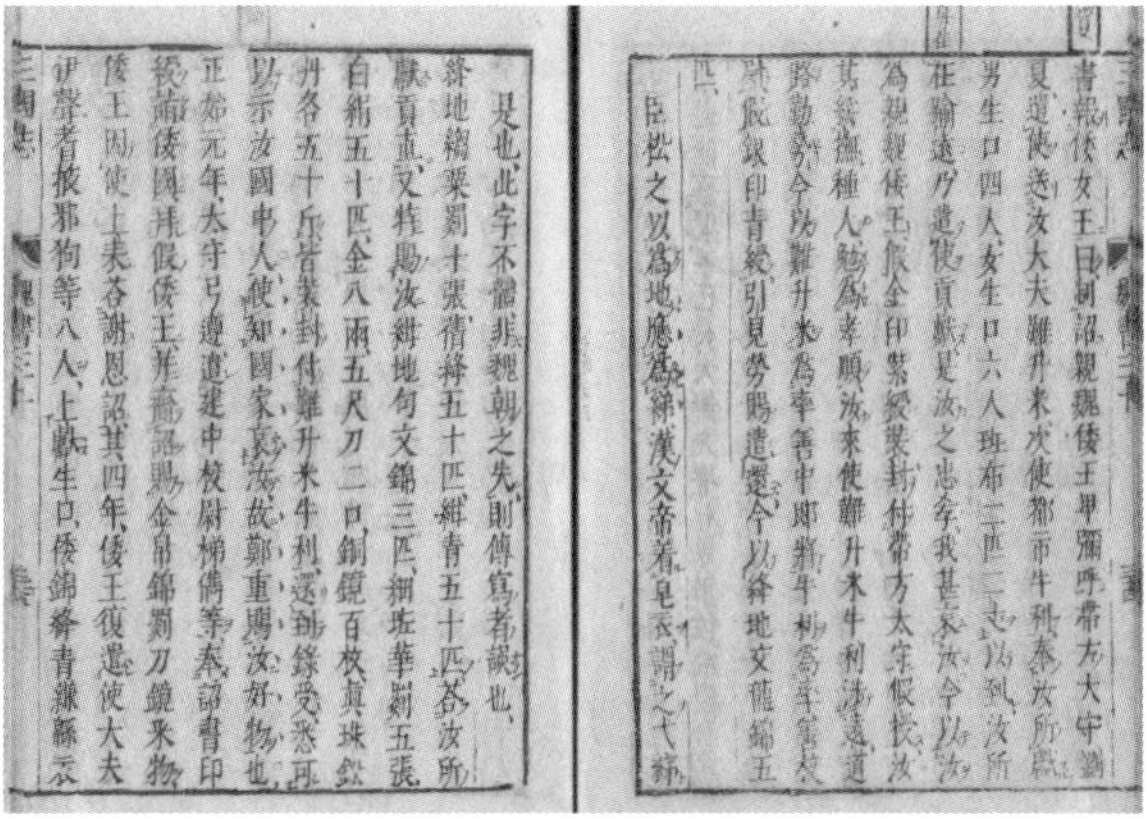
書報倭女王曰制詔親魏倭王卑彌呼帶方太守劉
夏遣使送汝大夫難升米次使都市牛利奉汝所獻
男生口四人女生口六人班布二匹二丈以到汝所
在踰遠乃遣使貢獻是汝之忠孝我甚哀汝今以汝
為親魏倭王假金印紫綬裝封付帶方太守假授汝
其綏撫種人勉為孝順汝來使難升米牛利涉遠道
路勤勞今以難升米為率善中郎將牛利為率善校
尉假銀印青綬引見勞賜遣還今以絳地交龍錦五
匹臣松之以為地應為綈漢文帝著皂衣謂之弋綈
是也此字不體非魏朝之失則傳寫者誤也絳
地縐粟罽十張蒨絳五十匹紺青五十匹答汝所
獻貢直又特賜汝紺地句文錦三匹細班華罽五張
白絹五十匹金八兩五尺刀二口銅鏡百枚真珠鉛
丹各五十斤皆裝封付難升米牛利還到錄受悉可
以示汝國中人使知國家哀汝故鄭重賜汝好物也
正始元年太守弓遵遣建中校尉梯儁等奉詔書印
綬詣倭國拜假倭王并齎詔賜金帛錦罽刀鏡采物
倭王因使上表答謝恩詔其四年倭王復遣使大夫
伊聲耆掖邪狗等八人上獻生口倭錦絳青縑綿衣

古代日本についての貴重な記録が残された『魏志倭人伝』。

係性を含めた議論がなされるようになったのは江戸時代のこと。

　それまで大和《やまと》の音訳として理解されていた邪馬台国を、新井白石が『古史通或問《こしつうわくもん》』の中で、大和国《やまとのくに》（奈良県、大和朝廷発祥の地）と主張したのを皮切りに、本格的に議論が始まる（後に福岡県南西部にあたる筑《ちく》後国《ごのくに》山門《やまと》郡《ぐん》説を主張した）。

　国学の大家であり、日本固有の古代精神の中に真理を求めた本居宣長《もとおりのりなが》は、「日本の皇室が中国に朝貢したとは考えにくい」とした。

　そして『魏志倭人伝』の里程を細かく検討し、魏に使いを送ったのは、大和朝廷とは無関係の熊襲《くまそ》（九州西南部）の王国だと想定。神功皇后《じんぐう》の名を騙《かた》った、その小国の女酋長《しゅうちょう》によるものだったと結論づけたのだ。

邪馬台国と大和朝廷との関連性を説くことは、すなわち天皇の起源の問題も関わってくる。それゆえ、こうした説に達したと考えられるが、これ以降も、ナショナリズムや政治的意図がついてまわり、その議論は今なお続いている。

それが収束しないのは、邪馬台国の存在を示す史書はおろか、存在を証明する遺物、たとえば国名が刻まれた碑文や木簡が、この日本で発見されていないことが原因である。

さらにいえば、唯一の手がかりともいえる中国の史書においても、漢字表記に〝ぶれ〟があり、「読み方」についても決定的な解析ができないことが、この議論をいっそう複雑なものとしている。

邪馬台国は、その名前からして不確定要素をはらんでいる。今日では「邪馬台国」と統一されているが、実は「邪馬一国」だったのではないか、という説がある。現存する『魏志倭人伝』の版本では、「邪馬壹國」と書かれているからだ。

なぜ「邪馬台国」の表記に〝ゆらぎ〟があるのか

「邪馬壹國」について述べる前に、あらためて『魏志倭人伝』を紹介したい。

我々が一般にいう『魏志倭人伝』とは、中国の歴史書『三国志』の中にある「魏《ぎ》書《しょ》」第30巻「烏《う》丸鮮卑《がんせんぴ》東夷伝」に収められている「倭人条」のことである。

この『三国志』は、3世紀末に西晋《せいしん》の陳寿《ちんじゅ》によって著されたもので、彼の死後、中国では正史として重んじられている。

つまり『魏志倭人伝』は『三国志』におけるひとつの〝項目〟にすぎないのだ。

いずれにしても、古代日本に関する貴重な記述であることに変わりはなく、当時の日本列島で暮らした倭人の習俗や国の地理などを知る重要な手がかりだ。

ただし、『魏志倭人伝』を含む『三国志』は、その原本がすでに失われている。現存する最古のものは、12世紀の宋代の紹興《しょうこう》本（南宋の初期、平安時代末期にあたる紹興年間〈1131～62年〉に刊行されたもの）である。

光武帝が倭の奴国に授けた「漢委奴国王」の金印。
福岡県で出土した。

実は、これより古い時代の日本について書かれた歴史書に『後漢書』がある。

5世紀に記されたこの中国の正史の中の「東夷伝」の倭の記事は、大部分が『魏志倭人伝』によるが、57年に倭《わ》の奴国《なこく》が光武帝《こうぶてい》に朝貢し、印綬《いんじゅ》を与えられたという記録がある。

そのとき与えられたとされる金印は福岡県で出土している。

また、107年に倭国王・帥升《すいしょう》が生口《せいこう》（奴隷）を献上したと記されているのだが、詳しいことは判明していない。

『後漢書』も重要な資料のひとつではあるが、5世紀に書かれたもので、『三国志』の影響下にあったことは否めないという。

謎めいているのは、この『後漢書』では邪馬台国は「邪馬臺國」と記述されていることだ。さらに7世紀に書かれた『梁書《りょうしょ》』では「祁馬臺國」、同時代に書かれた『隋書』や宋代に書かれた『北史《ほくし》』では「祁馬臺」となっている。

『魏志倭人伝』に書かれた「壹」は、「壱」もしくは「一」にあたり、それ以外の歴史書に書かれた「臺」は「台」にあたる文字である。その差は明らかに大きく、無視できるものではない。はたして、どちらが正しいのだろうか。

「やまたいこく」か「やまといっこく」か

この〝表記のゆらぎ〟については、11世紀以前の史料に「壹」が見られないことから、版を重ねる上で「臺」が「壹」と誤記されたと考えられている。『後漢書』や『隋書』『北史』が、現存する『三国志』の版本（12世紀の紹興本）よりも古い史料を参考にしていると考えられるからだ。

また、「臺」という字が魏の皇帝の居場所を示すことから、同じ文字を明らかに劣る倭国の国名に用いることを避けたとする説などもあるのだが、いまだ決定打はない。

いずれにしても、「臺」説をとれば「やまたいこく」と読めるが、「壹」説をとれば「やまといっこく」であった可能性もあるわけだ。

だが、この読み方、つまり「発音」についても諸説ある。

邪馬台国は「やまと」の当て字と考えられていたと書いたが、邪馬壹國と邪馬臺のいずれも同様であると見られている。

新井白石が『古史通或問』などにおいて、邪馬台国の場所をそれぞれ大和国や山門郡と説いているのも、「邪馬台」を「やまと」に近い音と想定したからだと考えられている。『魏志倭人伝』では壱岐《いき》が「一支国」と書かれているように、発音を手がかりに場所まで特定する考え方だ。

だが、秦や魏、隋といった時代、あるいは地方によっても発音が異なるため、現在ではまだ「邪馬台」を「やまと」と特定しきれていない。

2 書かれなかった「邪馬台国の最後」と「大和朝廷」の始まり

さて、「邪馬台国」がどこにあったのかを知る唯一の手がかりといえる『魏志倭人伝』だが、実はその国名が表記されるのは、わずかに1カ所だけだ。他ではすべて「女王国」と書かれている。この女王とは、もちろん卑弥呼である。

『魏志倭人伝』の中には倭を含む31の地名と14の官名、そして8人の人名が登場する。つまり、邪馬台国だけでなく、その周辺の国（侏儒国《しゆじゆこく》や裸国《らこく》、黒歯国《こくしこく》など）の情報もある。

倭国はもともと男王が治めていたが、その治世下の70～80年は戦乱が絶えなかった。『魏志倭人伝』では記述がないが、『後漢書』によれば、その期間は桓帝《かんてい》（在位147

～167年）と霊帝《れいてい》（在位168～189年）の間の出来事とされている。

この戦乱を収めるために、ひとりの女子を共立し、王とすることになる。それが卑弥呼である。

卑弥呼の登場によって、約30の小国が連合。彼女はその長として倭国の都・邪馬台国に居住したという。

卑弥呼は内政だけでなく、外交政策にも長けていたようで、『魏志倭人伝』には、帯方郡《たいほうぐん》（朝鮮半島、現在のソウル付近に置かれたとされる韓民族や倭人に対する中国の門戸）を通じて、邪馬台国が魏と交渉したとの記録もある。

239年に女王は魏に使者を送り、**「皇帝から親魏倭王に任じられた」**とあるのだ。

また、247年には、卑弥呼の使者が敵対勢力と思われる狗奴国《くなこく》との紛争を報告しており、帯方郡から塞曹掾史《さいそうえんし》張政《ちょうせい》が派遣されている。

さらに、魏以外に、朝鮮半島の国々とも使者を交換していたという記録も見受けられる。

3世紀半ばを最後に「中国の史書」から姿を消した倭国

だが、卑弥呼が崩御すると、国内は再び混乱に陥る。男王が立てられるのだが、国中がこの王に従わないどころか、互いを誅殺《ちゅうさつ》し合うまでに情勢が悪化したのだ。

そこで、卑弥呼の親族で13歳の少女の**「臺與《とよ》（壹與《いよ》）」**が王に立てられ、ようやく混乱が収まった。人々は〝女王〟を求めていたのだ。

まだ幼かった臺與は、魏から派遣された張政に檄文《げきぶん》をもって諭される。臺與もこれに応え、魏に20人の使者を送るとともに、男女の奴隷30人、白珠（真珠とされる）5千孔、大句珠（勾玉とされる）2枚、織物20匹を朝貢したとある。

『日本書紀』の「神功皇后紀」に引用される『晋書《しんじょ》』の起居註《ききょちゅう》（皇帝の言行を記録したもの）には、**266年に倭の女王の使者が朝貢した**との記述がある。

記述が曖昧なため意見が分かれているが、卑弥呼は死んでいるので、このときの女王は臺與で、魏に代わって建てられた晋の皇帝・武帝《ぶてい》（司馬炎《しばえん》）に朝貢したと考えられている。

だが、この3世紀半ばの朝貢の記述を最後に、邪馬台国の記述はおろか、倭国そのものの記述が150年ほど中国の史書から姿を消している。

「邪馬台国の最後」と「大和朝廷の始まり」が判然としないのはそのためだ。

邪馬台国は、大陸からの侵略者、騎馬民族によって滅ぼされたとする説や、勢力を拡大しながら東征し、大和王朝に発展したとする説などがあり、論争は尽きることがない。

3 九州か畿内か――邪馬台国はどこにある?

数ある日本古代史のミステリーの中でも、最も意見が割れるのが「邪馬台国はどこに存在したか」についてである。

既述した通り、この国の存在は『魏志倭人伝』や『後漢書』などの中国の史書で言及されているだけで、その場所を特定できる決定的な証拠は何ひとつ存在しない。

だからこそ、謎は深まり、論争がやむこともないのだが、それは今に始まったことではない。

江戸時代に新井白石が「大和国」説を打ち出した後、現在の福岡県にある筑後国山門郡説に切り替えて以来、論争が続いていると書いた。本居宣長は「邪馬台国は大和朝廷へとはつながらない」という九州の熊襲説を主張、明治以降はさらに四国や関東、沖縄にあったとする説まで飛び出している。このように、多くの県が邪馬台国の〝候補地〟として名乗りをあげているのだ。

その中でも有力視されているのは、やはり**九州説**だろう。

だが、仮に九州説をとったとしても、福岡県糸島市を中心とした北部広域をはじめ、福岡県の太宰府天満宮、大分県の宇佐神宮、宮崎県の西都原《さいとばる》古墳、既述した熊襲と、候補地はほぼ九州全域に及ぶ。

ちなみに、『魏志倭人伝』の中には、女王国では鉄のやじりを使っていたと記述されているのだが、鉄のやじりは九州での発見が圧倒的に多いことも、この説の裏付けになるのだろう。

また、福岡県糸島市にある弥生時代の方形周溝墓とされる平原《ひらばる》遺跡の1号墓からは、銅鏡40枚、鉄刀1本、大量の玉類など、豪華な副葬品が出土している。

さらに「三種の神器」のひとつ、八咫鏡《やたのかがみ》の起源となった鏡ではないかとされる46センチメートルを超える「内行花文鏡《ないこうかもんきょう》」も出土している。この遺跡は伊都国《いとこく》の王の墓とする説もあるが、邪馬台国の候補地のひとつでもある。

吉野ヶ里遺跡は数ある「邪馬台国」候補のひとつ。

こうした記述に関して興味深いのは、『魏志倭人伝』の中の邪馬台国には、宮殿の他に倉庫、物見櫓《やぐら》、城柵がおごそかに配置されていたとあるが、こうした遺物が発見されているのは佐賀県の**吉野ヶ里《よしのがり》遺跡**だけという点だ。

神話的側面で見れば、ニニギノミコト（邇邇芸命）が天から降りた天孫降臨の地も九州であり、その後に宮殿を建てたとされるのも、やはり九州だ。

また、卑弥呼と同一人物である可能性がある神功皇后の逸話に、九州が多いことからも因縁を感じずにはいられない。

◇「箸墓古墳」は卑弥呼の墓なのか

他の地方はどうだろうか？

実は近年になって、九州よりも〝勢い〟を増しているのが**畿内説**である。

その根拠として、最も直感的に理解しやすいのは、言語的一致であろう。「邪馬台」は古代において「やまと」と発音されており、その音が大和朝廷、現在の奈良県の大和につながったという説だ。もちろん、考古学的にも、様々な根拠がある。

その代表とされているのが、奈良県桜井市の三輪山の麓《ふもと》に広がる**纒向遺跡**《まきむく》であろう。

ここは弥生時代末期から古墳時代初期にかけての遺跡とされるが、その時期や規模、様々な特徴が『魏志倭人伝』にある邪馬台国の記述と見事に合致するのである。

当時としては広大な面積を誇る都市遺跡である纒向遺跡には、**箸墓古墳**《はしはか》という全長272メートルの巨大な前方後円墳があるのだが、これは皇女であるヤマトトトヒモモソヒメノミコト（倭迹迹日百襲姫命。古事記では夜麻登登母々曾毘売命）のものと伝承されている。

後述するが、このモモソヒメは卑弥呼と同一人物と目されている。

実際、後円部の直径は約155メートルで、これは「径百余歩（直径百歩あまり、今日における二百歩に相当するといわれている）」と書かれた『魏志倭人伝』における卑弥呼の墓の記述とも一致している。

さらにいえば、この古墳は、かつて神功皇后の陵墓とされていたこともあった。

なお、前方後円墳は円墳や方墳がそれぞれの地方で発展した後、合体したと考えられており、様々な文化がひとつの国にまとまった結果として完成したとされる。つまり、前方後円墳は、内乱をおさめた卑弥呼

奈良県桜井市の箸墓古墳。
そこに眠るのは皇女モモソヒメか、それとも卑弥呼か。

の国、邪馬台国を象徴するものだとも考えられるのだ。

纒向遺跡では、九州から関東に至る広範囲の地域の土器が出土しており、他地域からの搬入土器は全体の約15パーセントを占めているという。広範囲にわたる文化がこの地に流れ込んできていたことを遺物たちが物語っているのである。

そう考えると、この地が今でいう「首都」のような場所であった可能性は高いだろう。

「邪馬台国東遷説」とは

九州説と畿内説が合体したような、**邪馬台国東遷説**も興味深い。九州で卑弥呼が興した邪馬台国が彼女の死後に東遷し、畿内で栄えたとする説だ。

これは、次章で述べる神武天皇の東征や天孫降臨など、「記紀」の神話ともつながる。

「記紀」ではしばしば史実が改変されていると1章で書いたが、もしかしたら、これらの神話は卑弥呼を描いたものなのかもしれない。

他にも、千葉県にある東日本最古とされる前方後円墳を有する神門《ごうど》古墳が邪馬台国の跡地であるという説や、邪馬台国が21の国に囲まれていたことから、四国がそれに該当するという説もある。

さらに、邪馬台国をアイヌ語の〝入り組んだ入江〟を意味する言葉と解釈し、それに該当するのは富山県だという主張もある。

このように数多《あまた》ある説は、いずれも日本列島から外れないが、実は、『魏志倭人伝』の記述をそのまま辿っていくと、「海に出てしまう」とする説もある。

邪馬台国は日本にはなかった!?

そもそも『魏志倭人伝』に書かれた帯方郡についても場所は特定されておらず、朝鮮半島の中西部、現在のソウル周辺というのが一般にいわれている場所だ。

そこから北九州沿岸に到達するのだが、『魏志倭人伝』では、そこから邪馬台国に至るまで、対馬国《つしまのくに》、一大国（一支国との誤記とされる）、末盧国《まつらこく》、伊都国、奴国、不《ふ》弥国《みこく》、投馬国《つまこく》を経由する。

奴国は『後漢書』に、光武帝から金印を贈られたという記録があることから、これらの国が実在したのは間違いないはずだ。

不可解なのが、不弥国から投馬国へは海路で20日、邪馬台国はそこから海路で10日、陸路で1カ月ほど南下したところにあるということだ。

投馬国から邪馬台国へ至るのに、海路の10日と陸路の1カ月がかかるのか、「海路なら10日、陸路なら1カ月」という意味なのかで議論が分かれるところだが、少なくとも海路で10日も進めば九州を通り越して、沖縄諸島周辺に出てしまうのだ。

こうしたことから、邪馬台国は沖縄にあったという説もある。

実際、『魏志倭人伝』では、邪馬台国は現在の福建省あたりの東側にあると書かれている。その記述は、沖縄の位置と符合する。ここで謎が深くなるのは、沖縄に邪馬台国につながる遺跡が発見されていないことだ。

実は、邪馬台国の候補地は日本だけではない。さらに南方へと進み、フィリピンのルソン島説やジャワ島説もある。さらに、帯方郡を現在のベネチア付近とし、そこからエジプトに辿り着いたという説もあるのだ。

なんともスケールの大きな仮説だが、卑弥呼と邪馬台国には、そうさせるだけの夢とロマンがあるということだろう。いずれにしても、邪馬台国の場所を特定できる決定的証拠はいまだ獲得されていない。

大いなる謎を解く「鍵」が発掘される日がくることを期待して待ちたい。

4 アマテラスか？　それとも皇女か？ 謎の女王の正体

　卑弥呼は中国の史書にもその名をとどめるほどの人物である。だとすれば、日本の正史である『古事記』や『日本書紀』にも〝特別な存在〟として記録に残るはずだ。だが、もし卑弥呼が大和朝廷の編纂者にとって〝不都合な存在〟だったとしたら、どうだろう。

　既述した通り、国史とは「勝者の記録」である。ましてや「記紀」は、大和朝廷の恒久性と正統性を高らかに謳《うた》いあげたものだ。その編纂者にとって、卑弥呼は悩ましい存在であったに違いない。

　というのも、今日の研究で推定される古墳の成立時期は、3世紀末にまでさかのぼるとされているからだ。そのため、**卑弥呼を頂点とする邪馬台国連合が大和朝廷につ**

ながる可能性が高いと見られているのだ。

考古学者の白石太一郎氏は『古墳とヤマト政権――古代国家はいかに形成されたか』（文藝春秋）の中で、

「邪馬台国を中心とする広域の政治連合は、3世紀中葉の卑弥呼の死による連合秩序の再編や、狗奴国連合との合体に伴う版図の拡大を契機にして大きく革新された。この革新された政治連合が、3世紀後半以後のヤマト政権にほかならない」

という考えを示している。

これが歴史的事実だとしたら、大和朝廷は女王・卑弥呼によって束ねられた小国の連合が原点ということになる。

これは、大和朝廷（天皇）の正統性、恒久性という意味において不都合きわまりないだろう。

だが一方で、まがりなりにも卑弥呼は、大和朝廷の始祖のような存在でもある。なんらかの形でその存在を記録に残そうとするに違いない。そうした末に生み出されたのが、**アマテラスオオミカミ**（天照大御神）だったというのである。

アマテラスは別名を「オオヒルメノムチ（大日孁貴）」というのだが、この「ヒルメ」の「ル」は古語の助詞の「ノ」である。つまり、「ヒルメ」というのは「ヒノメ」の古語であり、「日の女」となる。この言葉は、太陽神に仕える女性、あるいは太陽神そのものを表わしている。

実は、アマテラスと卑弥呼は、それ以外にも符号する部分が多い。そのうちのひとつは、ふたりが生きた時代である。

日本史研究家の安本美典《やすもとびてん》氏によれば、天皇の平均在位年数から推定すると、卑弥呼が生きていた時代と、『古事記』の中で語られているアマテラスの時代が重なるという。また、弟が存在する点も同じだと指摘している。

◈卑弥呼とアマテラスを結ぶ鏡

共通点は、他にもある。

卑弥呼はことのほか鏡を大切にしたというが、その鏡とは「太陽の象徴」である。

太陽神であるアマテラスが、

「（この鏡を見るときは）われ（アマテラスオオミカミ）を見るがごとくせよ」

と言っていることが何よりの証明だ。

さらに、卑弥呼が没したとされる２４７年（もしくは２４８年）の付近には、北九州で皆既日食が起きた可能性があるとされている。卑弥呼がアマテラスだったとすれば、神話で語られる天の岩屋戸伝説は、このときの日食が相当するのではないかといわれているのだ。

つまり、アマテラスがおこもりになったのは、日食によって地上が太陽を失ったことを表わし、同時に、女王崩御を表わしていたと考えられる。

卑弥呼がアマテラスだとすれば、彼女が治めていた天の国、高天原《たかまのはら》はやはり邪馬台国だろう。だとすると、やはり邪馬台国は九州にあったことになる。なぜならば、「天孫降臨」の地は、九州は日向国《ひゅうがのくに》の高千穂と考えられるからだ。

では、なぜ「国譲りの物語」が出雲で起こるのかといえば、国力を増した邪馬台国がこの地の有力氏族から勢力を奪った、あるいは移譲されたと考えれば腑《ふ》に落ちる。

前出の安本氏は、神武天皇の東征によって「畿内で大和朝廷がひらかれた」と「記紀」にあるのは、邪馬台国の功績を陰ながら讃える苦肉の策だったのだろうかとしている。

大和朝廷が編纂した「記紀」においては、「天皇より上の権力者」は認められない。つまり、卑弥呼の名とその功績をそのまま歴史として書き残すことはできなかったのだろう。

だが、同時に当時の朝廷の礎《いしずえ》を築いた人物として、その存在を全く無視することもできない。だからこそ、女神と天孫降臨になぞらえて、その姿を残すことにしたのかもしれない。

卑弥呼は「正統な皇女」だった?

一方で、**卑弥呼は皇女、つまりは天皇の娘だった**とする説がいくつかある。

『古事記』に記された天皇が崩御した年の干支《えと》を手がかりに、歴代天皇の実年代を求めようとする試みは古くからあり、それによれば第10代崇神《すじん》天皇の崩御は258年とされている。これが、卑弥呼が生き、そして死んだとされる時代と重なることから、卑弥呼はこの時代に生きた皇女だったと見る説があるのだ。

その最大の手がかりと考えられているのが、先に紹介した**箸墓古墳**である。

すでに書いたように、この古墳を含む纏向遺跡は邪馬台国の都の候補地として、最も有力視されている場所だ。そして、この古墳の後円部分が『魏志倭人伝』にある卑弥呼の墓に関する記述と符合する点が多いことから、この墓こそが卑弥呼の墓ではないかという仮説があることも記した。

だとすると、『日本書紀』でこの墓の主として書かれているヤマトトトヒモモソヒメノミコト（倭迹迹日百襲姫命）が卑弥呼であるとも考えられる。

これが、**「卑弥呼＝モモソヒメ説」**である。

『日本書紀』によれば、第7代孝霊《こうれい》天皇の皇女であるモモソヒメは、第10代崇神天皇に神意を伝える巫女であり、これが『魏志倭人伝』にある「男弟あり、佐《たす》けて国を治む」という記述と一致する点が多く、さらにいえば、彼女の死後、国が乱れたという歴史的事実もあるのだ。

モモソヒメの「神婚伝説」が語ること

このモモソヒメは、**三輪山の神との「神婚伝説」**が残っている皇女である。そのあらましは、以下の通りだ。

モモソヒメのところに夜ごと通ってくる男性がいた。彼女は「顔を見たい」と頼んだが、男ははじめ拒否していた。しかし、「絶対に驚かないこと」という条件つきで、朝に小物入れをのぞくよう話した。朝になり、モモソヒメがそこをのぞくと、小さな黒蛇がいた。仰天したモモソヒメは、男との約束を破ったことを恥じ、陰部（ホト）に箸を刺してこの世を去ったという。

この伝説からわかるように、たしかにモモソヒメはミステリアスな存在である。だが、疑問も残る。いかに神託を伝える皇女だったとしても、『魏志倭人伝』で〝女王〟と呼ばれるほどの存在ではなかった可能性もある。

しかし、その墓とされる箸墓古墳を見れば、この疑問はすぐに氷解する。その大きさは、時の天皇である崇神天皇陵（山邊道勾岡上陵《やまのべのみちのまがりのおかのえのみささぎ》）よりもはるかに巨大なのだ。これはまさしく、モモソヒメが天皇すらしのぐ権力を掌握していたことの表われなのである。

卑弥呼については他にも、戦前を代表する東洋史学者である内藤湖南《こなん》氏が唱えた、第11代垂仁《すいにん》天皇の皇女ヤマトヒメノミコト（倭比売命）説もある。ヤマトヒメは、アマテラスオオミカミの祠《ほこら》を大和の笠縫邑《かさぬいのむら》から伊勢の五十鈴《いすず》川の川上に遷したとされる皇女だが、第12代景行《けいこう》天皇のとき、甥のヤマトタケルノミコト（倭建命）が蝦夷《えみし》征伐に向かう際に草薙《くさなぎ》の剣《つるぎ》を授けたことでも知られる。

いずれにしろ、今日の考古学では、このモモソヒメ説が最も有力視されているようだが、実は、もうひとつ有力視されている皇女説がある。

それは、伝説の女傑である神功皇后こそが卑弥呼であるとする**「神功皇后説」**である。次項でそれを紹介しよう。

5 女傑・神功皇后こそ卑弥呼なのか?

「記紀」には多くの女性が登場するが、その中でも女傑として有名な**神功皇后は、卑弥呼と同一人物だとする説**がある。

唐突に思われるかもしれないが、江戸時代までは卑弥呼と神功皇后を同一人物とする説は、最も有力視されていたのである。

この神功皇后とは、第14代仲哀《ちゅうあい》天皇の皇后だ。仲哀8年、大和朝廷の抵抗勢力である熊襲討伐のため、仲哀天皇とともに筑紫《つくし》に赴いた神功皇后は、そこで住吉大神《すみのえのおおみかみ》の信託、いわゆる〝神憑《かみがか》り〟によって「西海の宝の国（新羅《しらぎ》のこと）を授ける」というお告げを受ける。

だが、仲哀天皇はこれを信用することなく、あろうことか神を非難した。そのため神の怒りに触れ、翌年2月に急逝してしまう。

天皇が崩じたため、その後は神功皇后が軍を率いて熊襲を討伐した。さらに、後の第15代応神《おうじん》天皇を身ごもったまま玄界灘を渡り、朝鮮半島に出兵。新羅を攻めて降服させ、高句麗《こうくり》と百済《くだら》とともに朝貢を約束させた（三韓征伐）。このとき皇后は月延石《つきのべいし》（鎮懐石《ちんかいせき》）でお腹を冷やし、出産を遅らせながら戦ったというから、驚きだ。

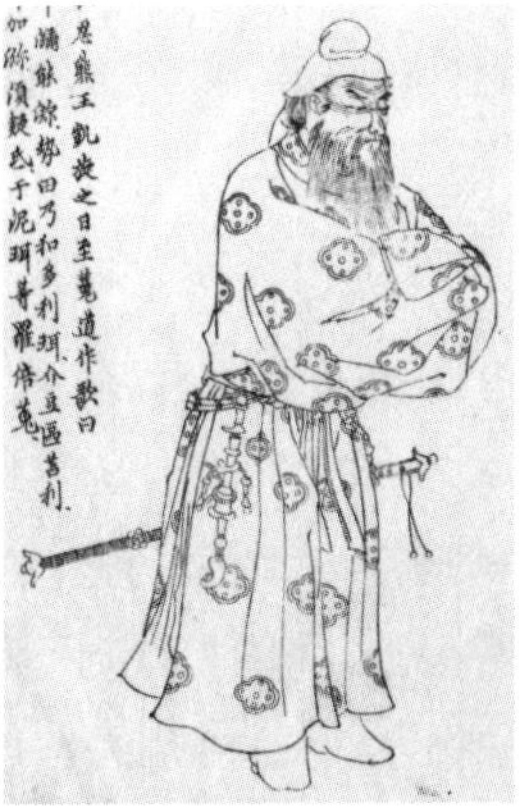

伝説の軍師、武内宿禰。

三韓征伐を成し遂げた皇后を次に待ち受けていたのが、応神天皇にとっては異母兄となるカゴサカノミコ（香坂王）、オシクマノミコ（忍熊王）の反乱であったが、皇后軍は伝説の軍師・**武内宿禰**《たけのうちのすくね》（建内宿禰《たけしうちのすくね》）らの活躍によって平定することに成功した。

「記紀」でも特別な存在である神功皇后は、特に『日本書紀』においては『魏志倭人伝』における倭の女王の記述が引用されて描かれている。このため、江戸時代までは、神功皇后は卑弥呼と同一人物と考えられていた。

神託を受ける神秘の側面を持つ一方で、軍を率い、内外の敵を退ける猛将であり、国を治める女傑でもあった神功皇后。そのイメージが卑弥呼と重なる部分が多かったからだろう。

だが、神功皇后が執り行なった百済に関する記述が、卑弥呼の時代よりも120年も後の時代にあたることから、この説は否定されることが多い。

既述した通り、「記紀」より前の史書は、そのほとんどが失われている。したがって、改めて編み直される前の歴史がどのようなものであったのかがはっきりとしていない以上、この同一人物説は否定しきれないのもまた事実なのだ。

〝神憑り〟エピソードで知られる神功皇后はいなかった？

多くの謎に包まれた卑弥呼だが、先に触れた〝神憑り〟のエピソードを持つ神功皇后も、実に謎めいた人物である。

神功皇后は、神の言葉を聞いただけではなかったようだ。神田《みとしろ》（神々にお供えするための田んぼ）を潤すために剣と鏡を捧げて祈禱した際には、なんと雷神を呼び、その力で大岩を裂いたというエピソードがあるのだ。

神話と歴史が融合した「記紀」特有の記述と言ってしまえばそれまでだが、エピソードが誇張されたものだったとしても、そのモチーフとなった事実があった可能性は高い。

そう考えると、神功皇后が「人並み外れた霊力」を有していたことだけは間違いないだろう。

しかし、神功皇后の一番の謎は、その〝実在性〟である。

実は、第14代仲哀天皇は実在性の低い天皇のひとりに数えられている。その理由はこの天皇が、古代伝説上の英雄ヤマトタケルノミコト（倭建命。第12代景行天皇の皇子）の子であり、しかも彼の死から36年後に生まれていることが、最大の理由である。

さらに仲哀天皇の「タラシナカツヒコ」（帯中日子）という諡号《しごう》（死後に贈られる称号）から尊称（「タラシ」「ヒコ」）を外すと「ナカツ」という名が残るのだが、これは抽象名詞である可能性が高く、その点からも存在しないのではないかという。

しかも、この「タラシ」という諡号は、後の天皇に使われていることから、仲哀天皇は後世に創造された人物である可能性が高いというのだ。

そして神功皇后も、「記紀」で「オキナガタラシヒメノミコト（息長帯比売命）」と記述され、やはり「タラシ」が用いられていることから、実在性が低いとみなされているのだ。

こうしたことから、神功皇后の武功は白村江《はくそんこう》の戦い（663年。第37代斉明《さいめい》天皇と中大兄皇子《なかのおおえのみこ》らが北九州に本拠を置いて指揮）から、第41代持統《じとう》天皇による第42代文武《もんむ》天皇擁立までの経緯をもとに、神話として「記紀」に挿入されたものであるという見方もされている。

摂政として神功皇后を支えた武内宿禰に、「300歳近くまで生きた」という伝説があるのも、神功皇后が神話要素の強い人物であったとすれば、納得できるだろう。

実は、明治時代までは神功皇后は第15代天皇として、帝のひとりとされていた。だが、これらの理由からか、1926年の詔書《しょうしょ》により、歴代天皇より外されており、現在の皇后の地位におさまったという経緯もあるのだ。

すり替えられた卑弥呼伝

仮に、神功皇后が架空の人物であったとしても、一方の卑弥呼の実在性を疑う研究者はほとんどいない。そうであるにもかかわらず、卑弥呼と彼女が治めた国である邪馬台国は、「記紀」では触れられていない。

これについては、この二書が成立した時代に、卑弥呼や邪馬台国についての資料がほとんどなかったからだと考えられている。だが、それとはまた別の理由もあるという考えもある。

●神功皇后の系図

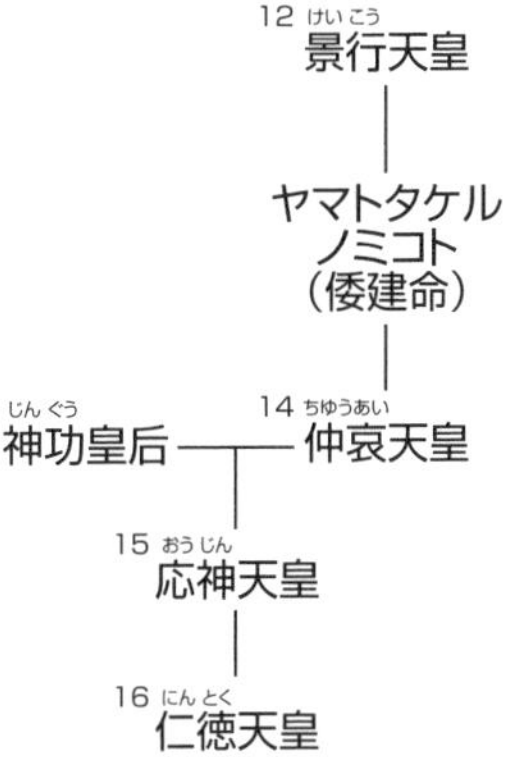

『魏志倭人伝』には帯方郡を通じた邪馬台国と魏の交渉が記録されているのだが、そこには、しばしば倭の女王による朝貢の記述がある。これは、日本が中国に対して「劣位の存在」であった記録でもある。

仮に、大和朝廷が邪馬台国から続く王権だとしたら、国史である二書からは抹消すべき史実であろう。

逆に、邪馬台国を討つことで大和朝廷が台頭したのだとすれば、「勝者の歴史」である国史に、卑弥呼や邪馬台国の名が輝きを持って刻まれることはないはずだ。

つまり、どちらにしても、卑弥呼の名は「記紀」から外される運命にあったのだ。

しかし、こうも考えられなくはないだろうか。「記紀」がつくられた時代も、卑弥呼を英雄視する風潮はあった。だが、先の理由から直接的にその名前と功績を「記紀」に刻むことはできない。こうした理由から、神功皇后が創造され、「記紀」に刻まれたのだと。

仮にこの説が正しかったとしたら、大和朝廷は邪馬台国から興《おこ》った王権である可能性も出てくる。

そうだとすれば、逆説的な意味で、卑弥呼と神功皇后が同一人物であったことにもなりはしないだろうか。

ちなみに、神功皇后がさらしで巻いたという月延石は3つあったとされ、そのうちのふたつは九州にある。さらに、応神天皇を出産した際、福岡の志免《しめ》でおしめを代えた、壱岐市で産湯《うぶゆ》をつかわせたというように、神功皇后は九州北部に縁が深い人物と考えられている。

こうした逸話が、邪馬台国の九州説の裏付けになるのかもしれない。

6 邪馬台国最後の女王!? 13歳で王位についた「臺與」

多くの謎を持つ邪馬台国には、もうひとりの女王がいた。その名は臺與（壹與）。

わずか13歳で王位についた臺與だが、その存在は卑弥呼同様に非常にミステリアスだ。

そもそも、その名の読み方からして、特定されていない。ここでは臺與と表記しているが、これは唐代に編纂された『梁書』や『北史』などで記述されているもの。新字体では「台与」と表わすことから、読み方も「とよ」が通説だが、「臺」という文字は時代ごと、地方ごとに発音が異なり、「だい」や「たい」とも読まれたことから、この発音が正しいのかも議論が分かれるところだ。

さらにいえば、『魏志倭人伝』では壹與と記載され、新字体では「壱与」となることから、「いよ」と発音されていたとも推測されるのだ。

臺與の名前のミステリーは他にもある。「とよ」と読むことを前提とした仮説だが、その音の響きから、臺與は豊国《とよのくに》を支配していたと考えられるという主張があるのだ。豊国は、現在の福岡県から大分県に存在した国だとされる。もし臺與が豊国を支配していたのだとすれば、邪馬台国九州説の証明となるだろう。

だが、「臺與はひとりの人間を表わすものではない」という説もある。『魏志倭人伝』において、邪馬台国は「邪馬壹國」と表記されていると前述したが、この「壹」の国を與《あた》えられた人物を意味する言葉として、壹與と表記されたのではないかというのである。

臺與の〝正体〟は誰だ？

『魏志倭人伝』によると、臺與は「卑弥呼の宗女《そうじょ》（一族の女）」であるという。しかし、卑弥呼には婚姻の記録はなく、子もいなかったと考えられることから、臺與は卑弥呼の嫡子ではない。卑弥呼を支えた弟なり、血族の者の子であると考えるのが妥当だろう。だが、現存する中国の史料からこれを特定するのは難しい。

卑弥呼がアマテラスオオミカミ（天照大御神）と同一人物であるという説はすでに紹介したが、実は臺與にもこれに類する仮説がある。

アマテラスは「天の岩屋戸」の事件を境として別々の人物であり、岩屋戸にこもったのが卑弥呼で、後に岩屋戸から顔をのぞかせたのは臺與だという説だ。

つまり天の岩屋戸の伝承は、卑弥呼の死と没年前後1年の皆既日食、新女王の誕生という歴史的事実を伝えるものだというのだ。

さらに、卑弥呼をアマテラスとした場合、臺與はタカミムスヒノカミ（高御産巣日神）（『古事記』に二番目に登場する神）の娘、ヨロヅハタトヨアキツシヒメ（万幡豊秋津師比売）だと考えられるという説もある。

このヨロヅハタトヨアキツシヒメは、アマテラスの息子アメノオシホミミノミコト（天忍穂耳命。アマテラスとスサノオとの誓約《うけい》の際に生まれた）と結婚し、天孫ニニギノミコト（邇邇芸命）の母となった女神である。

アマテラスと卑弥呼が生きたのは同じ時代であると主張する安本美典氏によれば、「とよ」の文字をその名に抱くヨロヅハタトヨアキツシヒメが、伊勢神宮の内宮《ないくう》（主祭神はアマテラス）に相殿《あいどの》（主祭神に対して、1柱、またはそれ以上の神を合祀《ごうし》すること）されていることも、この説を支える大きな根拠となるという。

臺與は〝最初の斎宮〟だった？

臺與が誰かということに関するミステリーは、まだまだある。なかでも有力視されるのが、**トヨスキイリヒメノミコト**（豊鉏入日売命）説である。

ヤマトトトヒモモソヒメノミコト（倭迹迹日百襲姫命）を卑弥呼と同一人物とする説はすでに紹介したが、この説をとると、第10代崇神天皇の皇女であるトヨスキイリヒメノミコトが臺與にあたるという。

トヨスキイリヒメは、**最初の斎宮《いつきのみや》**として知られる。崇神天皇の時代、アマテラスオオミカミを宮中に祀っていたが、天皇はトヨスキイリヒメにつけて、倭《やまと》の笠縫邑に祀らせたという（その後、アマテラスはトヨスキイリヒメから離され、ヤマトヒメノミコト〈倭比売命。第11代垂仁天皇の皇女とされる〉によって伊勢の地におさまった）。つまり、モモソヒメも巫女として語られているが、トヨスキイリヒメも巫女的な女性だったということだ。

アマテラスが宮中から笠縫邑に、そして伊勢に移されたことで伊勢神宮が成立するのだが、そこではアマテラスに仕える斎宮が置かれた。『日本書紀』によれば、トヨスキイリヒメは、崇神天皇の命でこの斎宮を務めた最初の人物なのである。「モモソヒメ＝卑弥呼」が崇神天皇よりも巨大な権力を握っていたとすれば、アマテラスと同一視されてもおかしくはない。

そのアマテラスに仕え、その跡を継いだ巫女的存在となれば、たしかに臺與の人物像と重なる部分も多い。ある意味で、アマテラス説も内包するものでもある。そう考えると、この説がかなり現実的に思えてくる。

実際、箸墓古墳を卑弥呼の墓とする説は近年有力視されていることから、臺與がトヨスキイリヒメであったとする研究が今後進められる可能性は高い。

卑弥呼と同等、あるいはそれ以上に謎が多い臺與の人物像が明らかになることに期待しよう。

「失われた歴史」の謎を解く鍵を握る女王

わずかな記述だけでその存在が知られる臺與だが、266年に行なった朝貢の記録を最後に、中国の史書から姿を消してしまう。

正確にいえば、臺與はおろか、邪馬台国、つまり倭国に関する記述が見られなくなるのだ。倭国が中国の史書に再登場するのは413年、倭王「讃《さん》」（第16代仁徳天皇、もしくは15代応神天皇、17代履中《りちゅう》天皇に比定される）が行なったとされる朝貢の記録である。

およそ150年近く、日本の歴史の記述は〝途絶えて〟しまっているのだ。

この記録の欠落は、日本の歴史に暗い影を落としている。再び中国の史書に姿を現わした日本は、中国側から**「倭の五王」**（5世紀に中国南朝に朝貢した5人の国王のこと。『宋書《そうじょ》』倭国伝、『梁書』などに讃、珍《ちん》〈彌《み》〉、済《せい》、興《こう》、武《ぶ》の記録がある）と呼ばれる時代、つまり大和朝廷の時代に突入していた。

中国の史書には、邪馬台国の終焉から大和朝廷が成立する重要な時期の記録が残されていないのだ。

邪馬台国はどうなったか？　いかにして大和朝廷が成立したのか？

そう考えると、まさに「歴史的変革期」を生きた女王・臺與の存在がますます重要に思えてくる。失われた歴史を埋めるピースは、もしかしたらこの臺與が握っているのかもしれない。

3章

「大和朝廷」に隠された闇

……その「正統性」と「天皇家の謎」に迫る！

1 「神武東征」は史実なのか？

卑弥呼《ひみこ》が治めた邪馬台国《やまたいこく》が存在した**弥生時代**に続き、日本は多くの大型古墳がつくられた**古墳時代**（3世紀後半～7世紀）に入る。それは鉄器が普及し、農耕生産の向上がみられ、何より大和朝廷が日本を統一した時代である。

前章でも書いた通り、『魏志倭人伝《ぎしわじんでん》』によれば、3世紀の日本では三十余国の小国家が分立している状態だった。しかし、それが次第に統合され、4世紀末には大和《やまと》（奈良県）や河内《かわち》（大阪府）を中心とした強力な統一国家が成立し、朝鮮に出兵するまでになる。

大和朝廷とは、4～7世紀の日本の国家が形づくられる際に、その中心的役割を担った畿内政治勢力の連合体のことだ。

なお、「大和朝廷」という呼称だが、近年では、「統一国家の政府」を意味する朝廷の成立がこの時期にはなかったと考えられることから、「大和政権」「大和王権」と呼ばれることも多い（ただし、ヤマトを大和と表記するのは奈良時代以降だとされる）。

いずれにしろ、大和朝廷は、大和国を中心として各地の豪族を圧倒して勢力範囲を拡大していく。そして大化の改新を経て「律令国家の成立」へと至るのである。

「神話」にこそ真実が隠されている

『古事記』『日本書紀』の伝承によれば、天孫ニニギノミコト（邇邇芸命）の曾孫、**カムヤマトイワレビコノミコト**（神倭伊波礼毘古命）が、日向国《ひゅうがのくに》（宮崎県）の高千穂を出立、瀬戸内海を経て紀伊国《きいのくに》に上陸、ナガスネビコ（那賀須泥毘古）らを平定し、辛酉《しんゆう》の年（紀元前６６０年）に、大和国畝傍《うねび》の橿原宮《かしはらのみや》で初代天皇（**神武天皇**）に即位したとされる。

しかし、考古学では、この時期の日本は、縄文時代から弥生時代への移行期にあたり、「神武天皇が即位した」という歴史的事実の裏付けになる史料は、一切存在しない。

そのため、実際のところは、第10代崇神《すじん》天皇が初代の天皇だとする見方が有力視されている。

しかし本章では、**「神話的な記述にこそ真実が隠されている」**という視点から、天皇の系譜について考察していきたい。

「記紀」によれば、大和朝廷の起源は、天地創造から始まる神話にまでさかのぼる。太陽神であるアマテラスオオミカミ（天照大御神）を皇祖神とし、「国譲り」や「天孫降臨」などの神話体系を取り込みながら、やがて人間の王の時代、つまりは天皇による統制の時代が訪れるというのは、これまで見てきた通りだ。

そして、その最初の人間の王、つまり初代天皇が、皇祖神アマテラスの血を引くカムヤマトイワレビコノミコト、後の**神武天皇**である。

◈八咫烏を先導役に宿敵ナガスネビコを征伐

日向国の高千穂の宮にいたイワレビコは、ある日、「どこの土地にいれば、天下を安らかに治めることができるか」を兄のイッセノミコト（五瀬命）と相談し、東のほうに行ってみることにした。

これが、**「神武東征」**の始まりである。

この東征の旅は、文字通り大遠征である。『古事記』によると、イワレビコは、まず豊国《とよのくに》の宇沙《うさ》（大分県宇佐市）を経て、岡田宮《おかだのみや》（福岡県）に1年間滞在した後に海を渡り、安芸国《あきのくに》（広島県）の多祁理宮《たけりのみや》で7年過ごし、吉備《きび》（岡山県）の高島宮《たかしまのみや》に移って8年滞在したという。

その後、船で速吸門《はやすいのと》（明石海峡）を渡るときに出会った国《くに》つ神《かみ》に、サオネツヒコ（槁根津日子）という名を与え、彼を道案内にして東征を継続する。

だが、河内に停泊した際、この地の豪族であるナガスネビコに敗れてしまう。

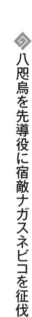

ここからがいかにも神話的なのだが、敵の矢を受け深傷《ふかで》を負った兄のイツセは、その理由を「太陽の方角」と関連づける。「日の神（アマテラス）の御子である自分が、太陽の方角（東）に向かって戦ったことが誤りであった」としたのだ。

かくして一行は、南のほうから進むこととし、海上から紀伊半島に南下。イワレビコは途中で兄イツセの死に見舞われながらも、熊野に上陸した。

そして、熊野の山中では八咫烏《やたがらす》を先導役にしながら、現在の奈良県に入り、宿敵ナガスネビコを倒すのである。

イワレビコは畝傍（奈良県）の橿原宮において天下を治めることになり、後に神武天皇と呼ばれるようになる。

「記紀」では、この神武東征こそが大和朝廷の始まりであり、皇室の起源としている。ちなみに『日本書紀』では、この**伝説よりも前を「神代《かみよ》」**としている。

この神武東征を「神話」ではなく、「歴史的事実」として読みとこうとその経緯を見てみれば、九州の地方勢力が各地を支配下におさめながら東に進み、大和地方の有力氏族を倒し、連合国もしくは統一国家の基盤を築いた征服譚がベースにあることは容易に想像がつくだろう。

では、この地方勢力が〝誰〟なのかといえば、これまで検証してきたように邪馬台国の可能性が高いと思われる。

いずれにしても、**神武天皇は〝実在〟した人物**であり、**神武東征は史実**である可能性は高いともいえるのだ。

だが、第2代綏靖《すいぜい》天皇になると、とたんに実在性が低くなる。

それればかりではない。

その後、第9代開化《かいか》天皇までは、**「欠史8代」**ともいわれ、いずれも実在しない天皇とされているのだ。

なぜ「欠史8代」が生まれたのか

初期の天皇が存在しないと聞けば、誰しも驚くだろうが、その根拠を聞けば納得がいくはずだ。

というのも、神武天皇より後の綏靖天皇から開化天皇までは、「記紀」にはその名と宮があるだけで、事績についての記述がないのである。

しかも、その在位期間にも謎が多い。第5代孝昭《こうしょう》天皇の在位期間は83年、続く第6代孝安《こうあん》天皇に至っては102年と、初期天皇の在位期間が異常に長いのだ。

こうしたことから、第2代から第9代までの天皇は〝創作された天皇〟とみなされている。

では、東征の武勇がこと細かに書かれている神武天皇はどうかといえば、彼の在位期間も76年と非常に長い。「記紀」によると、神武天皇は137歳、あるいは127歳で崩御したという。

さらにいえば、神武天皇はハツクニシラススメラミコト（始馭天下之天皇）という敬称を持つのだが、なんと第10代崇神天皇も、同じくハツクニシラススメラミコト（御肇国天皇）という名を持つのである。これは、「はじめて天下を治めた天皇」という意味なのだが、だとすればこの国に「初代天皇」がふたりいることになる。

いったいなぜ、国史においてこうした矛盾が生まれたのだろうか。

これについては、「記紀」が編纂された当時の、対外情勢がヒントになる。

既述した通り、当時の日本は中国や朝鮮半島からの脅威にさらされていた。これに対して、この国の独立性を示すには、この国を偉大に見せる必要があり、同時にそれを統べる天皇とその王権の「正統性」を示す必要があった。そこで、国史が〝改ざん〟された可能性が考えられるのだ。

「皇紀」と深くリンクする天皇の歴史

天皇の歴史は、「皇紀」（神武天皇の即位を起点とする日本独自の紀年法。神武天皇紀元）と深くリンクしている。この「皇紀」とは、中国の「辛酉革命説」に基づいて定められたものと推測されている。

辛酉革命とは、中国において60年に一度巡ってくる十干十二支《じっかんじゅうにし》の58番目の辛酉《かのととり》の年に天命が改まりやすい、中でも21回のサイクル、つまり1260年ごとに大きな変化が起きるとした考えである。

『日本書紀』においては、第33代推古《すいこ》天皇治世下で聖徳太子が活躍していた601年が辛酉とされている。そして、**601年から1260年さかのぼった紀元前660年が神武天皇の即位の年と定められた**と考えられるのだ。

これによって、天皇の治世の歴史の長さを示すとともに、対中国への「辻褄《つじつま》合わせ」をしたのである。

それゆえ、初代神武天皇すら存在しなかった、あるいはハツクニシラススメラミコト（という敬称）を同じくする崇神天皇の実在さえも怪しいという主張さえあるのだ。

さすがに乱暴な意見のようにも思えるが、神武天皇が137歳、あるいは127歳と並外れて長寿であったという記述を鑑《かんが》みれば、あながち暴論ともいえないだろう。

紀元前660年の日本に「草薙の剣」は存在しえない!?

天皇の歴史に対し、ある意味で異議を唱えるのが「欠史8代説」なのだが、もちろん、これに対峙する意見もある。

ここで、いくつかある**神武天皇実在説**を見てみよう。

まず、異常に長い寿命についてだが、もし辛酉革命に即して「歴史を長く見せたい」のであれば、個々の天皇の寿命を長く見せなくとも、天皇そのものの存在を増やせばいい。

人神として神秘性を持たせるのが目的であれば、『旧約聖書』のアダムが900歳を超えたとされたように、年齢を飛躍させたほうが効果的であろう。むしろ、この具体的に書かれた長寿こそが、「歴史が改ざんされていない証明」であるとする意見もある。

さらに、「記紀」の編纂前の段階で、年代にずれが生じていた可能性を指摘する意見。また、『魏志倭人伝』に「倭人は長寿であった」と記述があることから、決して不自然ではないとする主張。日本の伝統行事や祭事が年2回のものが多いことから、古代の年次計算が半年のサイクル、たとえば、即位期間が76年の場合、実際には38年であったという説もある。

また、**初期の天皇たちは、大和朝廷が成立する以前に勢力を持っていた大王《おおきみ》だった**とする説もある。

「歴史とは、勝者の記録だ」と書いた。たとえば、崇神天皇が最初の天皇であり、それより以前の天皇については、崇神天皇によって支配下におさめられた大王たちだったという可能性は十分に考えられる。

だとすれば、敬称が重複することにも、矛盾はなくなる。この場合、崇神天皇の敬称を神武天皇に〝与えた〟ことになるのは言うまでもない。

その敬称の重複についても、言葉は同じだが「解釈」に違いがあるという説もある。神武天皇の敬称の意味は「天界の下の地上世界をはじめて治めた王」であり、崇神天皇のそれは「王の支配力が全国に広まった、すなわち天下統一」だというのだ。

また、「欠史8代」の天皇は、近隣の豪族と婚姻関係を結んでいるのだが、これらも「欠史8代」説を覆すものである。天皇が実在しないのであれば、その配偶者も実在の可能性が低くなる。

だが、『日本書紀』では欠史8代の皇后の名前について、異伝として伝えられる別の名にまで言及している。仮に創作だとしたら、そこまでする理由が希薄である。

こうして見ると、実在説の多くに十二分な説得力があることを理解できるだろう。筆者自身も、実在説を強く推したい。

だが、考古学的な視点では、神武天皇の即位した紀元前660年当時の日本は、縄文時代にあたる。

この時代は、「三種の神器」のひとつ、「草薙《くさなぎ》の剣《つるぎ》」のような鉄器はもちろんのこと、統一国家の存在すら確認されていないことも、また事実である。

それでも、神話の中にこそ、歴史的事実は隠されていると筆者は信じたい。

現代の我々に課せられているのは、そうした事実を見つけ出すことではないだろうか？

2 悲劇のヒーロー　ヤマトタケルの秘密

スサノオノミコト（須佐之男命）と並ぶ古代史の英雄といえば、誰しも**ヤマトタケルノミコト（倭建命）**を思い浮かべるだろう。

伝説的英雄であるヤマトタケルは、多くの困難を乗り越えて国の平定に尽力し、故郷への帰還を望みながら死んだ悲劇のヒーローだ。

だが、「記紀」に記された物語を読んでいくと、実際には数々のタブーを犯した〝汚れた英雄〟であることがわかる。ここで、彼の英雄譚をあらためて見てみよう。

第12代景行《けいこう》天皇には、多くの子がいた。ワカタラシヒコノミコト（若帯日子命）、オオウスノミコト（大碓命）、そしてオウスノミコト（小碓命）などである。このオウスが後にヤマトタケルノミコトと名乗ることになる。

そのオウスだが、元服を迎える前に、最初のタブーを犯す。父の寵姫《ちょうき》を奪った兄オオウスを厠《かわや》で待ち伏せし、素手でつまみ殺してしまったのだ。

その気性の荒さに父は恐怖し、あどけなさを残した息子を都から追い出すことを画策。かくしてオウスは九州（熊襲《くまそ》）のクマソタケル（熊曾建）兄弟の討伐を命じられるのだ。

熊襲征討は「だまし討ち」

父の命を受けたオウスは途中で伊勢神宮に立ち寄り、そこで叔母のヤマトヒメノミコト（倭比売命）から、女性宮司の衣装を授けられるのだが、これが次のタブーへとつながる。

オウスは女装してクマソタケル兄弟の宴会に乗り込み、ふたりが油断したところを切り殺す。いわゆる「だまし討ち」をするのである。

このとき、瀕死のクマソタケルからその勇敢さを讃えられ、ヤマトタケルの名を献ぜられるのだが、その討伐の方法はお世辞にも勇敢とはいえないだろう。

ともあれ熊襲征討を果たしたヤマトタケルは、敵国である出雲に向かい、そこでイヅモタケル（出雲建）を倒すのだが、ここでも彼はだまし討ちを繰り返している。

出雲に入ったヤマトタケルは、そこでイヅモタケルと親しくなり、友情の証しに剣の交換をするまでになる。だが、互いの剣を交換するや、ヤマトタケルは決闘を持ちかける。

実は、ヤマトタケルが事前に自分の剣を木製の偽物とすり替えていたため、イヅモタケルはなす術もなく敗れ去る。ヤマトタケルの計略によって、命を落としたのだ。

「非業の最期」もやむをえない？

イヅモタケルを討ったヤマトタケルは大和に凱旋《がいせん》するのだが、景行天皇はねぎらうどころか、東征を命じる。どうにかして、彼を都から遠ざけたかったのだ。ヤマトタケルは父の冷たい仕打ちを嘆き、ヤマトヒメのところで複雑な心中を吐露している。

このとき叔母から与えられたのが、ヤマタノオロチ（八俣大蛇）の尻尾から出てきたという神話の時代から伝わる宝剣、天叢雲剣《あめのむらくものつるぎ》（後の草薙の剣）である。

しかし、ここで後に犯すタブーの伏線となる出会いがある。尾張《おわり》の地で、タケイナダネノキミ（建稲種公）の妹ミヤズヒメ（美夜受比売）と出会い、結婚の約束をするのだ。

その後、ヤマトタケルは相模《さがみ》（神奈川県）、上総《かずさ》（千葉県）と東国を平定。尾張に戻り、ミヤズヒメと再会を果たす。

奇しくもこのときミヤズヒメは月経であったのだが、ヤマトタケルはかまわず身体を重ねてしまう。この時代はまだ血が〝穢れ〟とされていただろう。当然ながら、月経の最中に女性とまぐわうことはタブーだったに違いない。

数々の禁を犯したためか、ヤマトタケルの最期は悲惨である。ミヤズヒメと契りをかわしたヤマトタケルは、彼女のもとに剣を残したまま、近江国伊吹山《おうみのくにいぶきやま》に向かう。そこで猪に姿を変えた山の神と出会うのだが、神の化身だとは知らず、兄をそうしたように素手で討ち取ろうと考えた。

だが、そのことに怒った山の神によって、ヤマトタケルは大氷雨《おおひさめ》を全身に浴びせられ、憔悴《しょうすい》して命を落とす。時に30歳といわれている。ミヤズヒメはヤマトタケルが亡くなった後、神剣を祀り、熱田神宮の起源になった。

「倭《やまと》は　国のまほろば　たたなづく　青垣《あおかき》　山隠《ごも》れる　倭し美《うるわ》し」

と歌を詠んだように、最後まで国を偲《しの》び、父である景行天皇を思いやっていたヤマトタケル。悲劇のヒーローと受け取られるが、非業の最期もやむなしと感じてしまうのは筆者だけだろうか。

英雄たちの武勇が穢された！

実は、「記紀」編纂に際して、ヤマトタケルの英雄譚は改ざんされていた可能性が高い。

実はヤマトタケルという名は固有名詞ではないとも考えられる。「タケル」という名は〝強い男〟を意味するもので、〝大和の強い男〟を表わしている。敵対したクマソタケル兄弟やイヅモタケルにも冠せられていたように、その土地

その土地にタケルがいたのだ。それゆえヤマトタケルの武勇も、大和勢力が日本各地を武力制覇していく過程で活躍した武将たちの武勇が「ひとりの英雄」に集約して描かれたものと考えられている。

つまり、ヤマトタケルの実体は、地方の豪族たちを制するために戦った名もなき英雄たちが残した武勇の〝集合体〟とも考えられるのだ。

そう考えると、ヤマトタケルがその死に際して詠んだ歌は、国に献身し、戦いに殉じた名もなき武将たちの悲哀を表わしていたとも受け取れる。

地方の豪族たちを制するための戦いに殉じた彼らは、なぜ汚れた英雄として描かれねばならなかったのか。

その理由は、「記紀」が編纂された時代背景と関係があると考えられている。この英雄譚が国史『古事記』に編纂されたのは、天武天皇の時代となり、大和政権が律令国家（律令を統治の基本法典としたもの）へと変貌を遂げた頃だった。世は「戦乱の時代」から「律令によって国を治める時代」に移り変わっていた。

こうした世相が反映された結果、『古事記』では武将の英雄譚の集合体であるヤマトタケルが軽んじられる結果となったのではないだろうか。

「政治的意図」で捻じ曲げられた英雄譚

なお、神話がそうであったように、『古事記』と『日本書紀』では同じヤマトタケルの物語も微妙に異なる箇所が散見される。

たとえば『日本書紀』では兄殺しのタブーはなく、東征の際は景行天皇の期待を背に送り出され、蝦夷《えみし》の賊主と対峙した際には「現人神《あらひとがみ》」と名乗っている。

ヤマトタケルは死後、白鳥に姿を変えるのだが、天に昇るまでのルートも二書で異なっている。さらに『古事記』では息子を疎《うと》んじていた景行天皇も『日本書紀』ではその死を悼み、寝食も進まないと書かれているのだ。

つまり、**『古事記』と『日本書紀』では、ヤマトタケル像が微妙に異なっている。**すでに記述したように、二書は同じく国史であっても、その目的は違う。その〝都合〟に合わせて、英雄譚にも差異が生まれたのだろう。

だが、こうも考えられる。先に書かれたのは『古事記』であるが、そこでの記述はあまりにも英霊を軽んじすぎていた。

それゆえ、より多くの編纂者が関わり、政治色が強まった『日本書紀』では、「天皇に忠義を示す英雄」として正されたのかもしれない。

なお、白鳥となったヤマトタケルが飛んだルートをなぞるようにして、その死を悼む陵墓が全国に3カ所ある。8世紀にはこの陵墓が鳴動するという噂がたち、人々を畏れさせたと伝えられている。

もしかしたら、『日本書紀』でヤマトタケル像が〝修正〟されたのは、陵墓を鳴動させるほどの英霊たちの怨念を畏れたからなのかもしれない。

3 「空白の世紀」と「倭の五王」の謎

中国でつくられた**漢字が日本に伝来**したのは3～4世紀、広く使われ始めたのは7世紀頃とされている。

その後、漢字を日本語の音を表記するために利用した万葉仮名がつくられ、漢字の草書体をもとに平安時代初期に平仮名が、漢字の一部をもとに片仮名がつくられたとされている（『日本書紀』において古字の存在、いわゆる「神代《じんだい》文字」について語られているが、それについては別項で述べる）。

したがって、それ以前のこの国の歴史は、中国をはじめとする周辺諸国の史書にわずかにある記述に頼らざるをえないのが現実だ。

82年頃に成立したとされる中国の史書『漢書地理志』が日本（倭）の事象を紹介して以来、『魏志倭人伝』や『後漢書』などが邪馬台国や女王の存在を伝えている。だが、卑弥呼の跡を継いだ臺與《とよ》が266年に朝貢した記録を最後に約150年の間、日本に関する記述が途切れてしまうのだ。

この失われた約150年は**〝空白の世紀〟**とも呼ばれているが、この間には、邪馬台国が滅ぼされたか、あるいは発展的に消滅するなどして大和朝廷が誕生するという、ドラマティックな出来事が起きている。

繰り返しになるが、邪馬台国の繁栄の地について諸説が乱立するのも、大和朝廷の出自が様々に語られるのも、この空白が大きな原因だ。

中国の史書に再び日本が登場するのは、5世紀に中国に朝貢した**「倭の五王」**についての記述である。

◇立ちはだかる〝中国表記の壁〟

唐代に書かれた『晋書』をはじめ、『宋書《そうじょ》』『南斉書《なんせいしょ》』『梁書《りょうしょ》』など中国の六朝《りくちょう》時代の史書には「倭の五王」と通称される5人の日本の王が登場する。

記述によれば、彼ら5人は、413年から478年の間に、少なくとも10回は中国に朝貢している。だが、この5人が誰なのかは、現在も議論の対象となっている。

倭国の王とされていることから、彼らが当時の大和朝廷の王であることは間違いないだろう。つまり、その期間に即位していた天皇の5人がそれに該当するはずなのだが、ことはそう簡単ではない。

それは、彼らの呼称が「讃《さん》」「珍《ちん》」（『梁書』では「珍」ではなく「彌《み》」とある）「済《せい》」「興《こう》」「武《ぶ》」と中国風に記述されているからだ。

この時代の天皇といえば、**第15代応神《おうじん》天皇から第21代雄略《ゆうりゃく》天皇までの7人**がその〝候補〟となるのだが、これについて意見が分かれている。

●倭の五王の系図

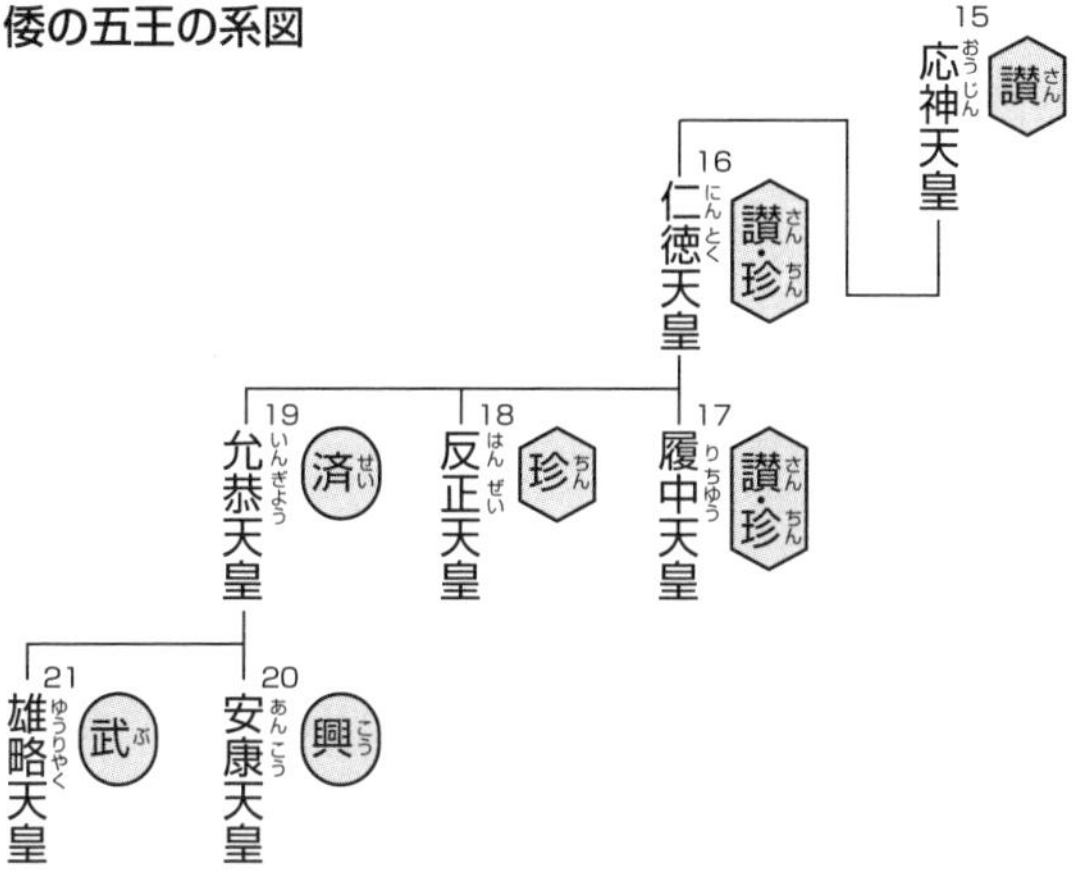

『日本書紀』などにある天皇系譜からは、「讃」が第17代履中《りちゅう》天皇、「珍」は第18代反《はん》正《ぜい》天皇、「済」は第19代允恭《いんぎょう》天皇、「興」は第20代安康《あんこう》天皇、「武」は第21代雄略天皇とされている。

このうち済、興、武の3人については研究者の間でも確実視されている。

だが、「讃」と「珍」のふたりは、資料となる『宋書』と「記紀」の間に食い違いがあるため、定説はない。

「讃」は、第15代応神、第16代仁徳《にんとく》、第17代履中の各天皇をあてる3説があり、「珍」は第16代仁徳天皇、第17代履中天皇、あるいは第18代反正天皇とする3説があるようだ。

中国の史書によれば、438年に「珍」(『宋書』は珍、『梁書』は彌)、443年には「済」による宋への遣使があったとされる。しかし『日本書紀』にある天皇の没年をみると、438年と443年の両方に該当する天皇は第19代允恭天皇、ただひとりなのである。

『日本書紀』が正しいとすれば、「珍」と「済」が同一人物でなければならなくなり、中国の史書が間違っていることになる。

そもそも、「記紀」には「倭の五王ではないか」と目される天皇が宋へ遣使したという明確な記述がない。こうしたことから、九州にあった王朝による入貢の記録とする説さえもある。

学術的側面だけでいえば、戦後の「記紀」の史料批判によって、6世紀前半の第26代継体《けいたい》天皇より前の歴史は、大部分が不確かなものとされている。この時代の王家、あるいは朝廷内で「文字による記録」が慎重になされていた可能性が低いとされているからだ。

こうした理由から、「記紀」で伝えられる天皇の系譜を「倭の五王」と照らし合わせ、推測すること自体が意味をなさないという意見さえあるのだ。

日本古代史の「確実な基準点」となった発見

そうした中、重要な手がかりとなる遺物が、1968年に発見された。

埼玉県行田《ぎょうだ》市の**稲荷山《いなりやま》古墳**から、画文帯環状乳神獣鏡《がもんたいかんじょうにゅうしんじゅうきょう》や多量の埴輪《はにわ》とともに鉄剣が出土した。

そしてその10年後、腐食が進む鉄剣の保護処理のためX線検査が行なわれると、驚くべき〝事実〟が浮かびあがる。鉄剣の両面には、周辺の東アジア各国と比較しても多い115文字の漢字が金象嵌《きんぞうがん》で表わされていることが判明したのだ。

そしてそこには、**日本古代史の「確実な基準点」となりえる銘文**が刻まれていたのだ。その骨子を要約すると、

「ワカタケルという王が天下を治めるために従事してきた者が、辛亥《しんがい》の年7月に、その功績を讃えて剣に刻む」

という文である。

この「辛亥の年」の解釈は471年と531年の二説があるのだが、471年が通説とされている。そして、鉄剣に見える「獲加多支鹵（ワカタケル）大王」が、雄略天皇の和風諡号《しごう》とも共通する実名（オオハツセワカタケルノミコト〈大長谷若建命〉）の一部に当てた漢字であることが明らかだとされた。

そのため、「武」が雄略天皇と確実視されるようになったのだ。

実は1873年に、熊本県玉名郡和水町《たまなぐんなごみまち》の江田船山《えたふなやま》古墳から、銀象嵌の銘文を有する鉄刀が出土している。

この鉄刀にも当時の大王の名が刻まれているが、保存状態が悪く、肝心の大王名の部分が欠落。「復□□□歯大王《たじひのみやみずはのおおきみ》」（□は欠落部分）と読まれていた。

だが、稲荷山鉄剣が出土したことで、欠落していた部分が「獲加多支鹵大王」であると推定できることから、これらの剣は**雄略天皇が考古学的に実在するという確固たる証拠**となりえるとともに、「歴史事実の実年代」を定める上でも大きな意味をなすものになった。

それればかりではない。このワカタケル王、すなわち雄略天皇の支配力が5世紀後半にはすでに九州から東国にまで及んでいたことが証明されたのだ。

つまりこの剣は、天皇家の源流が九州の地にあったとする仮説の裏付けとなりうるのと同時に、邪馬台国が東征し、大和朝廷を開いたという仮説をより現実的なものとする証拠にもなりうるのだ。

しかしながら、これらに続く証拠はいまだ発見されていない。「空白の世紀」が埋められるのは、まだ先のことになりそうだ。

雄略天皇の実在が確定した金錯銘鉄剣《きんさくめいてつけん》（右が表面）。日本古代史の「確実な基準点」となった。

4 「倭国」から「日本」へ

今日の「日本」という国号は「にっぽん」とも「にほん」とも読まれるが、日本政府はどちらか一方を正式な読み方として定めていない。

さらにいえば、雅語で「ひのもと」と読むこともある。

さらに別称として、『古事記』や『日本書紀』において「葦原《あしはら》の中《なか》つ国《くに》」あるいは「豊葦原《とよあしはら》の千《ち》秋長《あきなが》五百《いほ》秋《あき》の水穂国《みずほのくに》」「豊葦原の千《ち》五百《いほ》秋《あき》の瑞穂国《みずほのくに》」とも呼ばれているように、この国を表わす呼称は数多ある。

実にあいまいな話であるが、それ以上にあいまいなのが、「日本」という呼び名が定着した時期である。

国内の記述では、『日本書紀』において神武天皇が「神日本磐余彦」と表記され、天孫降臨に先立ち天降ったとされるニギハヤヒノミコト（饒速日命）は、この国を「虚空見《そらみ》つ日本《やまと》の国」と呼んだとされている。つまり、「神」から「人神」へとこの国の支配権が移譲されたときから、この国の名は「日本」であったというのだ。

「日本」という呼称はいつ定まったのか？

だがこれは、「日本」が国号として定まった後に、意図的に〝表記統一〟されたものとする意見が多い。

実質的には、天平5（733）年に撰述されたとされる『海外国記《かいがいこつき》』の逸文（散逸して一部分のみ伝わる文書）に、664年に太宰府を訪れた唐の使者に「日本鎮西筑紫大将軍牒」なる書を与えたとあること。

また、『続日本紀《しょくにほんぎ》』では702年に入唐した遣唐使が、唐側から「倭国の使者」として扱われたのに対し、「日本国使」と主張したとあることから、（少なくとも日本国内において）**日本という呼称が国号として正式に使われ始めたのは、7世紀であった可能性が高い**と考えられている。

これは、中国側の史書（『旧唐書《くとうじょ》』『新唐書《しんとうじょ》』など）からも裏付けられている。

日本という国号が成立する以前、日本列島には倭国、もしくは倭と呼ばれる国家、もしくはそれにつぐ有力民族があると大陸側からは認識されていた。

その後、空白の期間を経て、大和朝廷が日本を統一して以来、国内では「ヤマト」と称していたようだが、大陸からは変わらず「倭《わ》」と呼ばれていた。

そして、唐の成立から滅亡まで（618～907年）を記した『旧唐書』（945年成立）の「東夷伝」にも日本の名称が登場する。そこには、

「日本国は倭国の別種なり。其の国、日の辺に在るを以て、故に日本を以て名と為す」

「倭国自ら其の名の雅ならざるを悪《にく》み、改めて日本となす」

「日本は旧《もと》小国、倭国の地を併す」

と、国号を変えた理由も書かれている。

なお、『新唐書』（1060年頃成立）においては「国日出ずる所に近し、以に名を

なす」と記述されており、倭国＝日出処＝日本という公式が成り立つ。

中国から見れば、「倭国」から「日本」へと国号が変わったのは、遅くとも7世紀頃と考えていいだろう。


ちなみに、『古事記』には「日本」という文字は出てこないが、『日本書紀』では「日本、此をば耶麻騰《やまと》と云ふ」とあるように、日本を「ヤマト」と読ませている。

だが、「にほん」と呼ばれるようになったのは、いつ頃なのか定まっていない。平安時代には、平仮名表記で「ひのもと」とあることから、もっと時代が下ってからのことなのかもしれない。

5 女帝・推古天皇は〝初代天皇〟だった？

7世紀に定まったのは、国号だけではないようだ。

実は、**「天皇」という称号**もこの時代に誕生したと考えられている（5〜6世紀頃の大和政権の支配者の称号は「大王」だった）。

今日の歴史でみれば、前述した「欠史8代」があるにせよ、初代天皇は神武天皇であるとされる。しかし、「天皇」という称号を使い始めたのは神武ではない。

そもそもこの言葉は漢語であり、本来は北極星（天皇大帝）を祀る祭事に源流をもつ。

道教においては天皇という言葉は「宇宙の最高神」を指す。つまり天皇とは、「天上世界の神」と同義語なのである。

では、いったい**真の意味での初代天皇は誰か**といえば、聖徳太子を摂政とし、6世紀末から7世紀初頭に在位した第33代**推古天皇**を推す声が最も多い。

7世紀末の第40代天武天皇や第41代持統《じとう》天皇とする意見もあるが、この説は「律令国家としての体裁が整った時期に初代天皇が誕生した」としたい思惑が働いた可能性が高いと考えられる。

蘇我馬子の〝傀儡天皇〟だったのか？

この推古天皇説が正しいとすれば、**「女帝が最初の天皇」**ということになる。

女帝が最初の天皇であることに驚かれる方も多いかもしれないが、「十代八女帝」という言葉があるように、記録に残る限り、女帝は8人いたとされている（神功《じんぐう》皇后は除く）。

だが、そのほとんどは10年足らずの在位であることが多い。なぜならば、多くの場合、後継者が定まっていない段階で天皇が崩御してしまったことで、次代へつなぐための〝中継ぎ〟的に擁立されるケースが多かったからだ。

●推古天皇の系図

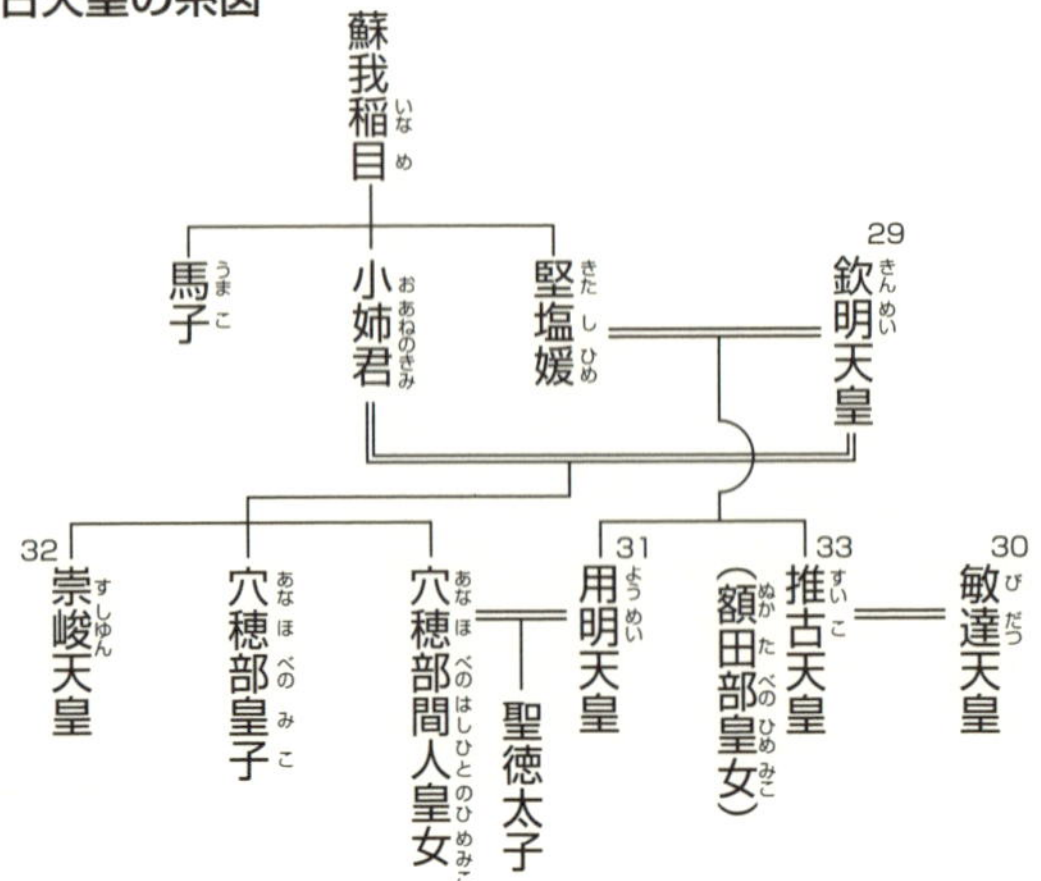

では、推古天皇はどうかといえば、37年(在位592~628年)と「十代八女帝」の中でも突出して長い。

しかし、彼女もまた異母弟である第32代崇峻天皇の急死によって擁立された天皇で、中継ぎとして立てられた可能性は高い。

彼女は、当時は天皇をしのぐ権力を有した蘇我馬子の姪であった。さらにいえば、崇峻天皇は馬子の陰謀によって暗殺されている。

それゆえ推古天皇は、馬子が自らの権力をふるうために擁立した傀儡《かいらい》天皇と見るむきが多い。

だが、彼女が残した功績を見れば、これらの状況だけで傀儡天皇だと決めつけることが間違いだと理解できるだろう。

すぐれた先見性とバランス感覚

蘇我氏の最盛期に在位した推古天皇が恵まれていたのは、厩戸皇子《うまやどのみこ》、つまり聖徳太子が甥であったことに尽きる。そして、彼を皇太子、摂政としたことが、彼女の「最大の功績」といえるだろう。

彼女の加護のもと、聖徳太子は冠位十二階を設定、十七条憲法を制定し、法令と組織の整備をはかった。

同時に天皇の系譜や皇位継承について記

推古天皇の叔父、蘇我馬子の墓とされる石舞台古墳。一番大きい石は77トンもある。

したとされる『天皇記』や『国記《こっき》』の編纂も行なったことは前述した通りだ。

また、インフラの整備を国の政策として行ない、大和朝廷の直轄領である「屯倉《みやけ》」が全国的に拡大されたのも彼女の時代だとされる。

推古天皇の功績は、国政だけではない。607年、小野妹子《おののいもこ》を遣隋使として派遣したのも彼女である。

実は、これにはもうひとつ、歴史的意義がある。卑弥呼の例にもあるように、これまでも日本から中国へ使節が送られた歴史はあったが、それらはみな「中国の皇帝に日本の政権の正統性を付与してもらうこと」が目的だった。だが彼女は、「この国の独立性を強調するため」に、使節を派遣したのである。


また、推古天皇は仏法興隆にも努めた。遣隋使に先立つ594年に、仏・法・僧の「三宝《さんぼう》」を敬うべしと勅命。聖徳太子とともに法隆寺を建造させたほか、大乗仏教経典のひとつ『勝鬘経《しょうまんぎょう》』を太子に講話させ、留学生《るがくしょう》（十数年から30年以上、滞在して学問、仏教を学ぶ者）を送り、仏教をはじめ大陸文化の導入を積極的に行なっている。

これは単に仏教思想だけでなく、自国よりも〝先進国〟であった中国文化を導入する目的があったと考えられている。

推古天皇のすぐれた点は、こうした政治家としての先見性だけでなく、聖徳太子と蘇我馬子の「力の均衡」を保ったバランス感覚もそうであっただろう。傀儡と目される彼女だが、母方の叔父である馬子から天皇の領地である葛城県《かつらぎのあがた》の支配権を要求されたときには、

「あなたは私の叔父ではあるが、だからといって、公の土地を私人に譲ってしまっては、後世から愚かな女と評され、あなたもまた不忠だと誹《そし》られよう」

と、毅然とした対応をしたという逸話も残っている。こうしてみると、彼女が単なる中継ぎや傀儡の天皇ではないことがわかるのだ。

6 「王朝交替説」とは何か

第二次世界大戦の終結とともに、天皇は〝現人神〟から〝人間〟となった。これにより、それまで信じられてきた国史や天皇についても様々な意見が交わされるようになる。

そうした戦後の風潮の中で、「記紀」に対する批判、懐疑的な説が生まれる。そのひとつが、「王朝交替説」である。この学説の骨子は、

「古墳時代に複数の王朝による交代劇があった」

とするものである。

1954年、早稲田大学教授を務めた水野祐《ゆう》氏は『日本古代王朝史論序説』を発表

し、先鞭《せんべん》をつける。天皇の没年の干支《えと》や和風諡号に関する『古事記』の記述を研究した水野氏は、第10代崇神天皇から第26代継体天皇の時代に、それぞれ血統の異なる**古王朝、中王朝、新王朝**の3王朝が交替していたという学説を世に示したのである。

『古事記』に没年の干支が書かれている天皇は、初代神武天皇から推古天皇までの33代の天皇のうち、半数に満たない15代である。

このことに着目した水野氏は、残りの18代が「実在しなかった架空の天皇」であると仮説を立てた。

そして、15代の天皇を軸とする天皇系譜を考察し、第10代の崇神天皇、第16代の仁徳天皇、第26代の継体天皇のときに、それぞれが初代となる**3つの王朝の興廃があったと結論**。現在の天皇は、継体天皇の末裔《まつえい》だと主張したのだ。

教科書に決して載らないだろうこの学説は、古代史学会に大きな波紋を投げかけ、今日でも議論が続いている。

では、この3王朝がどんなものなのか、具体的に見ていこう。

●王朝交替説

	初代 神武《じんむ》天皇 ⋮ 9 開化《かいか》天皇
古王朝 （三輪王朝）	10 崇神《すじん》天皇　11 垂仁《すいにん》天皇　12 景行《けいこう》天皇 13 成務《せいむ》天皇　14 仲哀《ちゅうあい》天皇　15 応神《おうじん》天皇
中王朝 （河内王朝）	（15 応神《おうじん》天皇） 16 仁徳《にんとく》天皇　17 履中《りちゅう》天皇　18 反正《はんぜい》天皇 19 允恭《いんぎょう》天皇　20 安康《あんこう》天皇　21 雄略《ゆうりゃく》天皇 22 清寧《せいねい》天皇　23 顕宗《けんぞう》天皇　24 仁賢《にんけん》天皇 25 武烈《ぶれつ》天皇
新王朝	26 継体《けいたい》天皇　27 安閑《あんかん》天皇　28 宣化《せんか》天皇 29 欽明《きんめい》天皇　30 敏達《びだつ》天皇　31 用明《ようめい》天皇 32 崇峻《すしゅん》天皇　33 推古《すいこ》天皇…… ……今上天皇

◈「古王朝」――三輪山の麓に本拠を置いた王朝

「古王朝」にあたる「崇神王朝」は、三輪山の麓に本拠を置いたと推測され、「三輪王朝」とも呼ばれる。

また、この王朝に属する天皇、皇族は、名前に「イリ」がつく者が多いことから「イリ王朝」とも呼ばれる（崇神天皇の名はミマキイリヒコイニヱノミコト〈御真木入日子印恵命〉）。

日本の古代国家の形成という視点では、崇神天皇の時代は初期の大和政権ともいえる。成立年代は3世紀から4世紀前半、つまり古墳時代前期にあたると推測される。

事実、古墳時代に入ると、三輪山の麓には巨大古墳が多数つくられている。そのうちの行燈山《あんどんやま》古墳は第10代崇神天皇の、渋谷向山《しぶたにむかいやま》古墳は第12代景行天皇の陵墓とされている。

そして、前述した「邪馬台国の卑弥呼の墓ではないか」との説もある最古の大型前方後円墳とされる箸墓《はしはか》古墳も、この地域に存在する。

そのため、ここに王権があったのは間違いないとされており、崇神天皇を始祖とする王朝は、この地域を中心に成立したと推測できるのだ。

「中王朝」――「倭の五王」の時代の王朝

4世紀中葉に興ったとされる「中王朝」は、一般には「第2次大和政権」などと呼ばれる王朝である。

水野氏の説に従えば、第16代から25代までの天皇の宮と御陵《ごりょう》が河内（大阪府）に多いことから「河内王朝」とも呼ばれている。

また、イリ王朝と同じく王朝の天皇や皇族の名にも特徴があり、「ワケ」のつく者が多いことから、「ワケ王朝」と呼ばれることもある（第17代履中天皇の名はイザホワケノミコ〈伊耶本和気王〉）。

この王朝期には、『宋書』に「倭の五王が遣使した」との記述があることから、その実在性は高いとされている。つまり、**倭の五王が中王朝の王だった**というのだ。

こうした説の裏付けとなるのが、大阪平野にある羽曳野《はびきの》市の誉田御廟山《こんだごびょうやま》古墳（第15代応神天皇の陵墓）や、堺市の大仙陵《だいせんりょう》古墳（第16代仁徳天皇の陵墓）など、権力者の象徴である巨大な前方後円墳が現存すること。

そして、第15代応神天皇、第16代仁徳天皇、第18代反正天皇の都がいずれも河内や和泉に設置されていたという歴史的事実である。

応神天皇の出生が伝説的であることから、応神天皇と仁徳天皇は同一人物で、架空の存在とする見解もある。古王朝と中王朝を結びつけるために、仁徳天皇がふたりの人格に分けられ、応神天皇が創出されたというのだ。

「古王朝」と明らかに異なるのは、宋への遣使に見られるように、中王朝は「外政が行なえる海洋国家であった」ことだ。

水野氏は、応神天皇の時代に九州の勢力が畿内に侵攻、征服に成功し、王権が交替したとしている。

航海術に長けた「中王朝」は、河内湾に港を築き、水軍を養い、瀬戸内海の制海権を握っていた。そしてそこから、中国や朝鮮へと船が出ていったという。

「新王朝」――継体天皇の即位から始まる王朝

しかし、「古王朝」から「中王朝」への交替という学説は、いずれも興味をそそられる一方で、物的証拠が少ないことから、その真偽を問うのは難しい。

だが、現在の天皇に続くとされる**「新王朝」、つまり第26代継体天皇の即位の際に王朝が交替した可能性は高い**と考えられている。

その根拠のひとつとなるのが、先代にあたる武烈天皇の存在である。

既述した通り武烈天皇は、『日本書紀』において「稀代の暴君」として描かれていた。なぜ大王として讃えられるべき天皇が、このような書かれ方をされたか――それは、以降の天皇とは「異なる血筋」であったと考えられるからだ。

事実、「後継者が不在であった」とも書かれていたことから、ここで王朝が交替していたとしても不思議はないのである。

実は、継体天皇には、即位後にも謎がある。大伴金村《おおとものかなむら》らに越前（福井県）から迎えられ、河内で即位したとされるのだが、20年近く、大和の地には入らなかったのだ。

その理由は、大和には継体天皇の即位を認めない勢力があり、一触即発状態にあったからとされる。

●継体天皇の系図

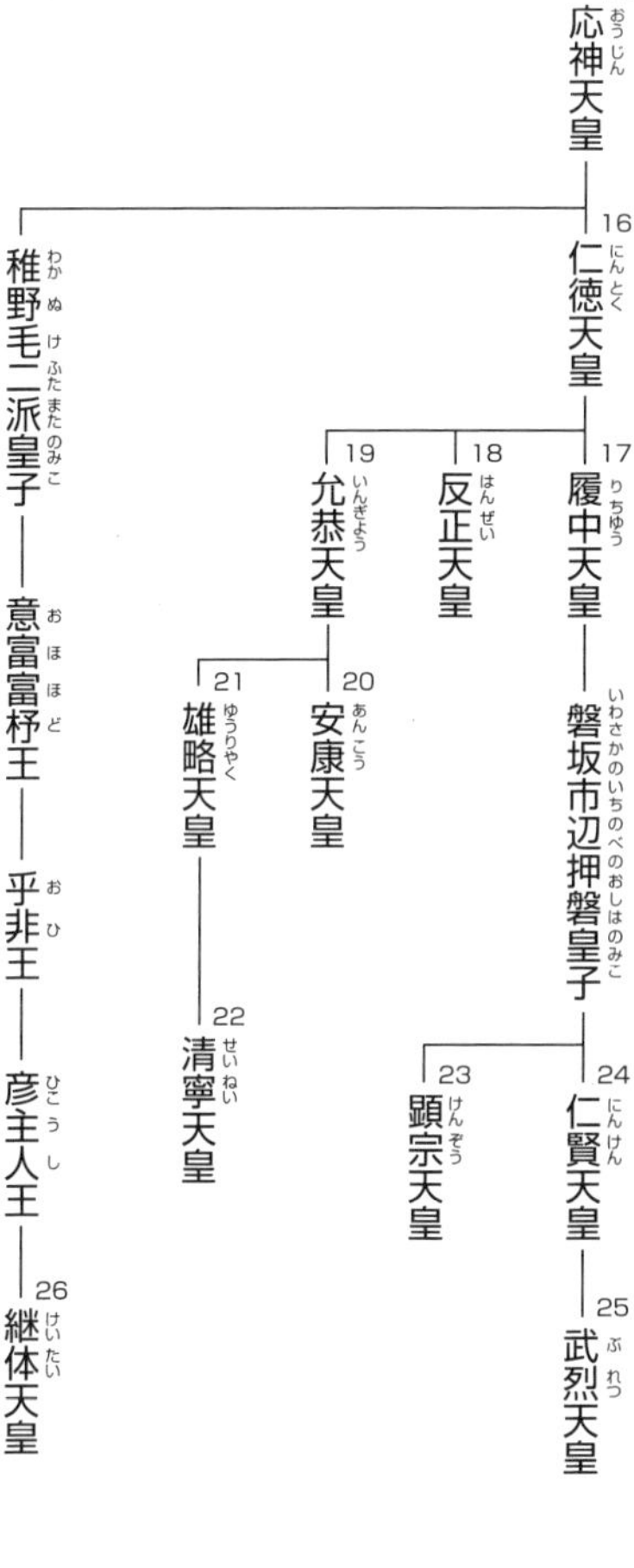

水野氏の説によれば、継体天皇は、越前もしくは近江の豪族であり、武力によって皇位を簒奪《さんだつ》したというのだ。

だが、継体天皇はそれまでの支配構造を受け継ぎ、武烈天皇の同母姉である手白香《たしらかの》皇女《ひめみこ》を皇后に迎えて即位していることから、本当に水野氏の説のような王朝の交替があったのか、議論が分かれている。

いずれにしても、継体天皇は応神天皇から数えて5代の末裔とされており、なぜ、それまでの天皇とかなり血筋の離れた人物が天皇の位についたのか、興味が尽きることはない。

7 「天皇の陵墓」に眠るミステリー

3世紀半ばから7世紀にかけて、当時の支配階級である豪族の首長や天皇などが盛んに築造した**「古墳」**。

初期の古墳は、盛り土をした円墳や方墳など、シンプルな形状のものが中心である。副葬品や埋葬品を死者とともにおさめる風習は、この頃からすでに見られる。ちなみに、石棺の使用はさらに古く、縄文時代から始まっている。

これが6世紀頃になると、前方に方形の主丘を持ち、後方に円形が連続する双丘の鍵穴形の古墳**「前方後円墳」**が、畿内で数多く築造されるようになった。

6世紀の終わり頃になると、再び方墳や円墳が中心となり、大王墓など一部の首長墓だけが八角墳などの多角形墳に移行している。

このように、およそ4世紀という間に様々な形状を見せる古墳だが、中でもミステリアスなのが前方後円墳である。

日本独自の形式として知られるこの古墳は、その成り立ちからして謎をはらんでいる。それまで主流であった円墳から、途中経過なしに、いきなりこの形に〝進化〟しているのだ。それゆえ、その起源について、様々な仮説が唱えられてきた。

最も知られているのが、「弥生時代の墳丘墓《ふんきゆうぼ》から発展したものである」という学説だ。

2016年に奈良県橿原《かしはら》市の瀬田《せた》遺跡で弥生時代末期の2世紀頃のものとみられる、前方後円形の円形周溝墓が発見された。円の直径は約19メートルで、周囲を幅約6メートル、深さ50センチメートルの溝が巡っており、これが前方後円墳の〝原型〟だといわれているのだ。

弥生時代の墳丘墓から発展した説においては、円形墳丘墓はその周溝を掘り残した通路でもある陸橋部分（突起部）で祭祀などが行なわれていたという。そして、この陸橋部分が次第に大きくなり、前方部に発展したといわれている。

また、円形部は政治や軍事を司った男王の墓に、方形部は祭祀を司った女王の墓に由来するという説もある。

「前方後円墳」の終焉に隠された政治的意図

こうした形状の変化には、政治的意図が働いていたという説もある。

前方後円墳は日本列島に広く分布し、北海道、青森県、秋田県、沖縄県を除く43の都道府県で確認されている。その数は約4800基。

これほどまでに盛んにつくられた前方後円墳であるが、6世紀になると、陪塚《ばいちょう》（大きな古墳のそばに従うようにつくられた小さな墓）が見られなくなり、葺石《ふきいし》の使用や墳丘の段築までも質素になっていく。関東地方を除く地域では、埴輪すら使われなくなるのだ。

そして6世紀後半に至ると、全国でほぼ同時に終焉を迎える。

実は、これには政治的な意図が隠されている。**前方後円墳が終焉する6世紀は、有力豪族である蘇我氏が権力を握った時代**で、その勢いは天皇をしのぐほどであった。巨大な権力を手に入れた蘇我氏は、自らの権威と反勢力を押さえ込んだことを世に示す必要があった。そのため、前方後円墳を終焉させたと考えられるのだ。

だが、周知の通り、「乙巳《いっし》の変」によって蘇我氏は急速に力を失ってしまう。そして、それ以降は大規模な古墳自体が見られなくなっていく。これについては、やはりコストの問題もその一因として考えられはしないだろうか。

5世紀半ばまでに築造されたとされる総面積46万4000平方メートルの仁徳天皇陵（大仙陵古墳）をはじめ、前方後円墳に巨大なものが多いのは周知の通りだ。その大きさを見れば、投入された労働力、費やした時間、費用が莫大なものであったことは想像に難くない。

最大の前方後円墳、大仙陵古墳。
大林組の試算では、総工費 796 億円。

「仁徳天皇陵」を古代工法で今、築造すると――

実は、そのコストを１９８５年に大林組が試算している。

「現代人が古代工法で行なう」「１日８時間、１カ月間25日労働」などの前提条件で試算した結果、はじき出された数字は驚異的だ。

ピーク時は１日に２０００人が働くと想定して、総工期が15年８カ月、総労働者数が６７０万人、**総工費はなんと７９６億円**にも達するという。

陵墓の築造が国家プロジェクトであり、雇用を生み出すものだとしても、破格の大事業であることに違いはない。

こうした大事業を、天皇が崩御するたびに行なっていたら、国家の財政は逼迫《ひっぱく》、国民にも多大なる負担がかかるだろう。そう考えると、巨大古墳の築造が収束していったのは、勢力の興隆に関係なく、国の〝お財布事情〟も関係していたとは考えられないだろうか。


ちなみに、7世紀半ばになると、**陵墓のトレンドは八角形**に変わっている。天智天皇陵（御廟野古墳《ごびょうのこふん》）と、天武・持統天皇陵（野口王墓《のぐちおうのはか》）がまさにそれである。

その成り立ちについては、「8」を宇宙全体の象徴とする道教思想の影響を受けて、その〝天〟を統べる存在である天皇を象徴するものとして採用されたという説が有力視されている。

もっとも、天智天皇陵は明治天皇陵の築造の段階では、上円下方墳とみなされていた。そのため、それを模した明治天皇から昭和天皇の陵墓も、上円下方墳で造営されている。

8 大仙陵古墳に仁徳天皇は眠っていない？

宮内庁が管理し、天皇が眠るとされる**天皇陵は112**あるという。

〝とされる〟と書いたのは、天皇陵の研究が、ほとんど進んでいないからだ。

その理由は言うまでもなく、陵墓が宮内庁の管轄下にあり、研究者が自由に立ち入り調査することができないからである。

中でもミステリアスなのが、〝実在しなかったのではないか〟という説のある「欠史8代」天皇陵の謎である。既述の通り、第2代綏靖天皇から第9代開化天皇までは、その実在が疑問視されている。

にもかかわらず、綏靖天皇陵は奈良県橿原市に桃花鳥田丘上陵《つきだのおかのえのみささぎ》として、また開化天皇陵は奈良県奈良市に春日率川坂上陵《かすがのいざかわのさかのえのみささぎ》として存在する。

一方で、実在したとされる第26代継体天皇の陵墓は、考古学上の定説では大阪府高槻市にある今城塚古墳《いましろづか》とされるが、宮内庁は大阪府茨木市《いばらき》にある三嶋藍野陵《みしまのあいののみささぎ》を継体天皇陵としている。

今城塚古墳は、歴史上最大級の横穴式石室があり、同じく最大級の祭祀場跡からは、140点もの埴輪が発掘されているにもかかわらず、だ。

なお、今日の天皇陵が定められたのは江戸時代のこと。天皇の威光を借りて支配力を強固にしようとした徳川幕府によってなされたものである。

そうした理由からか、第10代から第42代までの天皇陵のうち、〝本物の天皇陵〟はふたつしかないという主張まである。

だとすれば、世界的にも有名な仁徳天皇陵（大仙陵古墳）にも、仁徳天皇本人が眠っていない可能性がある。

実際、その可能性は決して低くはないようだ。

なぜ〝天皇陵の遺物〟がボストン美術館にあるのか

さて、仁徳天皇陵（大仙陵古墳）の周辺には、第17代履中天皇と第18代反正天皇の陵墓があり、あわせて百舌鳥《もず》古墳群と呼ばれている。そして、この3つの陵墓を3人の天皇のものとして比定したのは、「記紀」などの記述がおおもとにある。

だが、中でも最大規模の陵墓が仁徳天皇陵とされたのは、「その業績が大きかった」という曖昧な理由からなのだ。

実際、宮内庁によって履中天皇の陵墓と治定《じじょう》されたほうが、先に崩御した父・仁徳天皇の陵墓よりも古いことが最近の研究によって判明している。反正天皇の陵墓にしても、崩御よりもずっと後に築造されたものであるようなのだ。

ちなみに、仁徳天皇陵とされているこの墳墓には、他にも謎がある。今日は調査が認められておらず、いかなる出土品があったのかもわからないが、なぜか**仁徳天皇陵の遺物がボストン美術館に所蔵されている**のだ。

これらは銅鏡、馬具、太刀などのごく一般的なものだが、いずれも宮内庁が調査したところ、仁徳天皇陵の遺物である可能性が高いという。

それでも疑問なのが、**日本でも満足に見ることができない天皇陵の遺物が、なぜアメリカにあるのか**、ということだ。

宮内庁の調査によれば、明治時代後期、東京藝術大学の初代学長であり、後にボストン美術館の職員となった岡倉天心《おかくらてんしん》が京都で入手したものだという。流通経路はといえば、おそらく盗掘である。

実は、江戸中期に、仁徳天皇陵に侵入者があったという記録があるのだが、それによると後円部にあった石棺は空っぽだったという。つまり、その時点で、すでに何者かによって盗み出されていた可能性が高いといえるだろう。

実際、宮内庁の管轄下に入る前は、管理体制もずさんだったというから、盗掘されていても不思議はない。一方で、終戦直後のどさくさにまぎれて、米軍が盗み出したという説もあるのだが、その真偽の程は定かではない。

いずれにしても、仁徳天皇陵には多くの謎が眠っていることは間違いない。

前述した通り、今後注目したいのが、埼玉県行田市の稲荷山古墳（5世紀後半）である。ここからは第21代雄略天皇を指すといわれるワカタケル王の名が刻まれた鉄剣が発掘されている。

現在は、これが天皇陵だとは比定されていないが、そうであるがゆえに、踏み込んだ研究も期待できるだろう。

実際、2016年11月には、東北大学の研究チームと埼玉県立さきたま史跡の博物館の共同調査によって、後円部中央の地下に、未知の埋葬施設の可能性がある構造物らしきものが確認されたという。

もしかしたら、「天皇陵のミステリー」の解明は、この地でなされるのかもしれない。

コラム2 謎の多き聖人 聖徳太子

５７４年、第31代用明天皇と穴穂部間人皇后（第29代欽明天皇の皇女）の間に第二皇子が生まれる。

後に**聖徳太子**と呼ばれる厩戸皇子（厩戸王とも）である。

幼い頃から人並み外れて聡明で、平安時代に書かれた『聖徳太子伝暦《でんりやく》』には、11歳のときには36人の子どもの話を同時に聞き取れたという伝説があるほどだ。

聖徳太子といえば、叔母であり、初の女帝である第33代推古天皇を補佐し、内政においては、冠位十二階や十七条憲法を定めるなど、中央集権国家体制を確立。外政においては、遣隋使を派遣し、大陸の文化や制度を吸収。

さらに、仏教に通じ、その興隆に努め、法隆寺を完成に導いた……など、我々が教科書などから学んだ太子のイメージは、「様々な偉業をなした歴史的聖人」そのものである。

しかし、その一方で、最も有名な肖像画「唐本御影《とうほんみえい》」が別人物を描いたものとされ、その存在そのものまで疑問視されるなど、謎の多い人物だ。

◇聖徳太子はなぜ天皇になれなかったのか？

聖徳太子の最大の謎は、これほどの偉業をなした人物にもかかわらず、**天皇になれなかった**ことにつきる。

太子が皇太子となったのは、第32代崇峻天皇が政治的確執のあった蘇我馬子の計略によって倒れ、推古天皇が即位したのと同じタイミングである。

このときすでに19歳の厩戸皇子が「若すぎる」ということはない。当時最大の権力者であった蘇我氏の血を引き（聖徳太子の母である穴穂部間人皇后の母は、蘇我稲目

『集古十種《しゅうこじっしゅ》』に描かれた聖徳太子。

の娘、小姉君）、当時の長である馬子とともに摂政《せっしょう》として政務を執ったのだから、蘇我氏側から疎まれていたわけでもない。

だとしたら、いったいなぜなのか。

叔母である推古天皇に理由があるという説がある。この説によると、推古天皇は反蘇我氏側で、蘇我氏の血を引く母を持つ太子は蘇我氏側につき、勢力争いに敗れたというものだ。

皇太子として30年間を過ごしながら、十七条憲法を制定した30歳以降、目立った業績がないのは、勢力争いに敗れて冷遇されていたからだという。

だが、その推古天皇も、叔父の蘇我馬子の後ろ盾を得て即位した側面もある。そう考えると、叔母の存在が聖徳太子の天皇即位の障害になったとは考えにくいだろう。

実は、**「聖徳太子は天皇になっていた」**という説もある。推古16年にあたる608年、日本を訪れた隋の使者裴世清《はいせいせい》が宮中で天皇に謁見。このときのことを「日本の大王は阿毎多利思比狐《あめたりしひこ》という男性」と報告している（『隋書《ずいしょ》』倭国伝）。だが、このときの天皇は、女帝の推古天皇である。こうなると、『隋書』もしくは、日本側の天皇の歴史のどちらかが間違っていることになるのだが、ここで思い出してほしいのが、「歴史は勝者のものだ」ということだ。

聖徳太子の偉業が詳しく記された最古の史料は『日本書紀』だが、書かれた時代は、「大化の改新」の後のこと。

つまり、**蘇我氏が力を失い、代わりに藤原（中臣《なかとみの》）鎌足《かまたり》と、その子である藤原不比等《ふひと》が強大な権力を手にした時代**である。

藤原不比等は『日本書紀』の編纂にも参加したといわれており、だとすればその内容に大きな影響を及ぼしたはずだ。

藤原氏一族である彼が、国史である『日本書紀』が編纂される際、前の権力者である蘇我氏や蘇我氏の血を引く人物を貶めることがあったとしても、決して不思議ではない。

だが、それ以前に、「聖徳太子は実在しなかった」という説を唱える歴史学者もいる。

◇聖徳太子は「実在しない人物」だった？

実はこうした見解は、江戸時代後期からすでにあった。太子の偉業のひとつである十七条憲法が、当時の国政と乖離《かいり》していること、十七条憲法の中にある誤字が『日本書紀』のそれと共通することなどから、後世、あるいは『日本書紀』の編纂の際に「創作された」ものだというのだ。

繰り返しになるが、『日本書紀』は対外的な意味合いが強い国史である。当時の日本が大陸の国々に比肩《ひけん》できる国であると示すために、実施されていない憲法をねつ造したというのだ。

そして、こうした政治を行なえる聖人がいることを隣国に示すためにねつ造された人物が、聖徳太子だというのだ。
これは**「聖徳太子虚構説」**といわれ、視点は異なれど、歴史学者の大山誠一氏をはじめ、「太子は実在しなかった」と主張する研究者は少なくない。

◇怨霊と化した聖徳太子

「聖徳太子のミステリー」は、その死後にまで残っている。太子は伝染病で没したとされている。だが、『聖徳太子伝暦』によれば、妃のひとりである膳部妃《かしわでのひ》とあたかも心中したように記述されているのだ。

そのためか、聖徳太子の墓に合葬されているのも、この膳部妃だ。彼女よりも〝格上〟の妃が他にもいたにもかかわらず、身分の低い妃が合葬されていることにも謎が残る。

こうしてみると、晩年の彼はやはり冷遇されていたのではないかと思えてくる。名ばかりの摂政となった彼に残されたのは身分の低い妃だけで、世をはかなんだ太子は心中したのかもしれない。

だとすれば聖徳太子は、恨みを抱いて死んでいった可能性もあるのだが、その祟《たた》りを恐れる伝承が残っている。

太子が完成させた法隆寺夢殿の本尊、救世《ぐぜ》観音菩薩立像は、太子の等身像でもあるのだが、明治の時代になるまで秘仏とされていた。その理由は「観音像を開扉《かいひ》すると、天変地異が起きる」と伝えられていたからだ。

それればかりではない。この法隆寺では、10年に一度、「聖霊会《しょうりようえ》」大法要（大会式《えしき》）があるのだが、そこで行なわれる舞楽にも、彼の〝恨み〟が反映されているというのだ。

舞楽最後のハイライトで、聖徳太子に代わり、まるで鬼のような「蘇莫者《そまくさ》」が主人公となるのだ。この蘇莫者は誰かといえば、やはり聖徳太子であるという。

「莫」という文字は夜や日暮れなどの暗い様子を表わすほか、否定の言葉「なし」を意味する。蘇という文字は、見ての通り蘇我氏だろう。これを組み合わせれば、亡き者にされた蘇我氏と考えられる。太子は蘇我氏の血族であるのだから、舞楽のストーリー的にも破綻はない。

異形の姿となったのは、追いやられた恨みで怨霊《おんりょう》と化したからだろう。そう、太子法要の儀式は、聖人としての太子を崇《あが》めるとともに、亡者となった彼を鎮魂するためでもあったと考えられるのだ。

このようにミステリアスな聖徳太子だが、どの説をとるにしても、十分な学術的史料がないため、『日本書紀』などに頼らざるをえないというのが現状だ。

4章
謎とロマンが交錯する「日本人のルーツ」
……伊勢神宮、出雲大社に隠された「驚くべき真実」

1 伊勢神宮に残された「神代文字」の謎

日本はいつから文字文化をもち、歴史時代に突入したのか？

一般的には3世紀中頃、すなわち古墳時代が「先史時代」と「歴史時代」の境だとされている。

だが、三重県の貝蔵《かいぞう》遺跡で発見された土器のように、弥生時代の土器には文字が墨書されている例がある。

それどころか、「それよりもはるか昔に、日本の文字文化はあった」という説もある。それが、日本に漢字が伝来する以前、初代神武天皇が即位したとされる紀元前660年よりも前の〝神代《かみよ》〟に使用されたという**「神代《じんだい》文字」**である。

人類史上、はじめて文字が発明されたのは、およそ6000年前であるから、日本

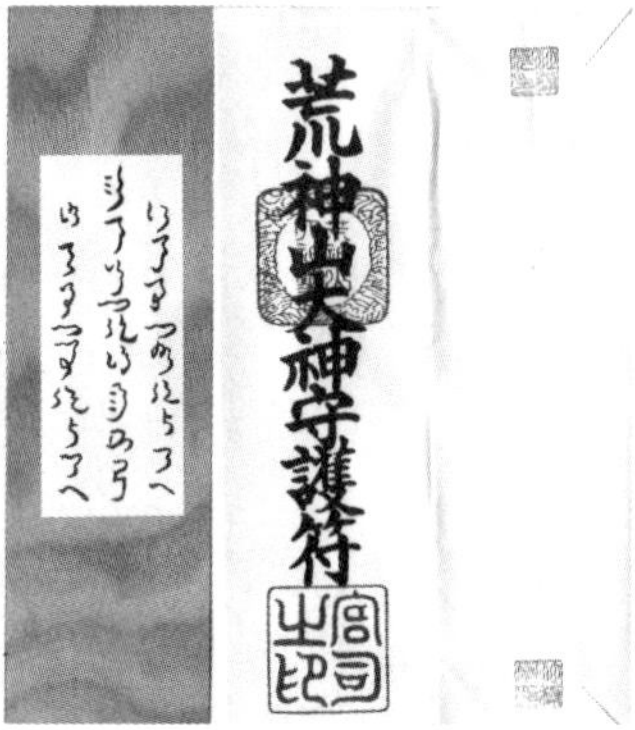

滋賀県荒神山《こうじんやま》神社の御札。左が、神社の御札や奉納文などに用いられることが多い神代文字「阿比留草《あひるくさ》文字」。

に文字文化が存在していても不思議はない。『古事記』には、イザナキノカミ（伊邪那岐神）とイザナミノカミ（伊邪那美神）が「国生み」に際して「太占《ふとまに》」で占ったとある。

この太占とは、牡鹿の肩甲骨を焼いて吉凶を見る占いで、この段階で文字が存在した可能性は否定できないだろう。

にもかかわらず、「神代文字」はその真贋《しんがん》が江戸時代から議論の対象となり、いまだ古代日本の文字として認められていないのだ。

それはいったい、なぜなのか。

実在の可能性が高い神代文字「ヲシテ」

神代文字という言葉を耳にするのがはじめてという読者もいるだろう。

たとえば日本各地の神社には、判読不能の古い文字で書かれたお守り札などがある。ここに書かれた文字は「カミヨ（神代）文字」と呼ばれているのだが、明らかに漢字でも平仮名でも片仮名でもない。

そして、伊勢神宮の神宮文庫には『古事記』の語り部である稗田阿礼《ひえだのあれ》、『日本書紀』の編者である舎人親王《とねりしんのう》、藤原不比等《ふひと》、菅原道真《すがわらのみちざね》、平将門《たいらのまさかど》など、「神代文字」で書かれた歴史的著名人の奉納文が多数収められているというのである。

そう考えると、日本にもともと文字があった可能性は、決して否定できない。

だが、一口に神代文字といっても、その種類は膨大にある。紙幅の都合でそのすべては紹介できないが、中でも代表的なものを見てみよう。

日本の古代史について知るための史料には、既述した通り「記紀」や『魏志倭人《ぎしわじん》伝《でん》』をはじめとする中国の史書がある。しかし、実は漢字伝来以前に成立したと目される日本の史書**「古史古伝《こしこでん》」**と呼ばれる文書があるのだ。

先に書いておくと、これらのほとんどは〝偽書〟の扱いを受けており、学術的には認められていない。なぜならば、「記紀」をはじめとする史書とその内容が著しく異なることがあるからだ。

中でも有名なのが**『秀真伝《ほつまつたえ》』**であろう。

本書は**「ヲシテ（秀真）」**と呼ばれる神代文字で書かれており、五七調の長歌体でこの国の始まりから、神代の時代、初代神武天皇から第12代景行《けいこう》天皇までの治世などについて記述されている。時系列こそ「記紀」と同じであるが、本書では神代の出来事が天界の物語ではなく、「実在の人物によって現実に起きたこと」として書かれている。

さらに同書ではヲシテ文字の成り立ち、和歌（ワカウタ）の成立、皇室成立の歴史、三種の神器（ミクサタカラ）の成立と意味、当時の憲法とされる「トノヲシテ」、国号の変遷、歴代天皇の実名と陵墓、伊勢神宮などの主要神社の創建のいわれ、大和言葉（ヤマトコトハ）の語源などまで書かれている。

これらがすべて真実であれば、この国の古代文明の存在や創建の謎が明らかになる。日本人のルーツも解明される可能性も出てくるはずだ。

◈基本文字は「48種類」

知られざる日本の歴史をつづるヲシテは、基本文字が48種類からなり、母音を表わす部分と子音を表わす部分の組み合わせで意味をなす。

この文字の特徴は「表音文字」であるとともに、「表意文字」でもあることだ。そのため、組み合わせることで、より複雑な表現ができるという。しかも、縦に文字がつながることで意味を表わすことから、横書きでは成立しないという特徴を有している。

このヲシテが用いられた古史古伝は、他に『三笠紀《みかさふみ》』や『フトマニ』があり、ヲシテは縄文時代からこの国で使われていた文字だと主張する研究者もいる。

「記紀」と『秀真伝』を照らし合わせると、『秀真伝』に先行性が認められることから、「記紀」の原典であると主張する者もいる。

否定派の意見は、「写本の出現時期が江戸時代中期までしか、さかのぼれない」というものだ。

しかし、12世紀に成立した『類聚名義抄《るいじゅうみょうぎしょう》』（部首引きの漢和辞典。法相宗《ほっそうしゅう》の僧侶の撰といわれる）にはヲシテに関する記述があり、少なくとも平安時代以前には存在していた可能性が指摘されている。こうした理由から、ヲシテは古代に実在した文字だとする意見も多い。

神代文字は「方言」だった!?

ヲシテ以外にも神代文字とみなされる古代文字は、全国各地にある。

神武天皇以前に存在したというウガヤフキアエズ王朝の歴史が書かれた『上記《うえつふみ》』や、後述する幻の史書『竹内文書《たけうちもんじょ》』で用いられている「豊国文字《とよくに》」、文字として認められていない「北海道異体文字」や「筑紫文字《つくし》」、漢字の原型との類似が指摘される

「阿比留草文字《あひるくさ》」や「琉球古字」、ハングルの原型をなしたといわれる対馬の「阿比留文字」などがそれである。

このような多様性を見ると、神代文字とは、日本が邪馬台国《やまたいこく》、あるいは大和朝廷によって治められる以前、それぞれの地方の豪族、氏族が独自に使ってきた文字ではないかとも思えてくる。

いわば方言のように、それぞれの地方には独自の文字文化があった。それが、諸国が統一されたように、漢字の渡来が起点となって文字文化も統一されたのではないだろうか。

だが、既述した通り、学術的にはそうした可能性すら否定されている。その論拠となるのは、7世紀に成立した中国の史書『隋書《ずいしょ》』に「仏教伝来以前の倭人には文字がない」と書かれていることや、古代の氏族である斎部《いんべ》氏の由緒を記した9世紀初頭の『古語拾遺《しゅうい》』において、漢字渡来以前の日本に文字文化はなく、口伝えのみだったと書かれていることだ。

また、現在出土している縄文土器などの古代遺物に、これらの神代文字が確認されていないことも、大きな裏付けとなっている。

一方で、『日本書紀』の中には〝古い文字〟が存在していたという記述がある。さらに、**伊勢神宮には神代文字で書かれた奉納文が数多くある**というのだ。

それでも「神代文字が存在した可能性を探る」という観点でこれらの奉納文が研究対象となることはない。

それは「漢字が輸入される以前に、この国に文字文化は存在しなかった」という先入観や固定観念が障害になっているからだろう。

そこになんらかの「物証」が存在するのであれば、それと真摯に向き合うのが研究者のあるべき姿であるはずだ。

今後、これらの文字に対する研究が進み、画期的な発見がなされることを願うばかりだ。

2 「天孫降臨」の地はバビロニアにあった!?

平成2年11月、今上天皇の即位の礼「大嘗祭《だいじょうさい》」がおごそかに執り行なわれた。古代から続くこの大嘗祭は、数ある皇室の儀式において、最も重要な祭礼である。その歴史は『日本書紀』にまでさかのぼり、天孫降臨の物語に由来するという。

欧米の研究者によれば、この大嘗祭は古代呪術社会特有の〝聖婚儀礼〟の流れを汲《く》むものだという。

そればかりか、この聖婚儀礼は約6000年前の**シュメール文明**（紀元前4000年紀にメソポタミア南部で起こった文明。前3000年紀に多くの都市国家が建設され、楔形《くさびがた》文字をはじめて使用するなど高度な文明を築いた。**スメル**とも）がその起源だというのだ。

実は、皇室、ひいては日本人とシュメール文明を結びつけて考えることは、**「日本人シュメール起源説」**として江戸時代から語られてきた。

この説を最初に唱えたのは、ドイツ系オランダ人の医師で、探検家でもあるエンゲルベルト・ケンペルだ。1690年、元禄時代の日本に渡来し、2年間滞在した彼は、識者の視点で日本の情報を整理・体系づけ、その見聞を『廻国奇観《かいこくきかん》』と『日本誌』に書き遺している。

『日本誌』では日本人の起源の検証を行ない、「日本人は古代バビロニアからやってきた渡来民だ」と説いたのである。

突飛ともいえる仮説だが、その後、大正期に「バビロニア学会」をつくった原田敬吾、愛媛の大山祇《おおやまづみ》神社の宮司、三島敦雄によっても検証が重ねられ、いくつもの〝根拠〟も提示されている。

◈シュメール語訳できる「天皇」の古語

ケンペルが日本人の起源を探る上で、ひとつの手がかりとしたのが「独自の言語体系」である。

日本語は、その起源を推測できるような関連性を、隣接諸国との間に見出せない言語だとケンペルは考えた。たとえば、日本語の中には中国の言葉が数多く溶け込んでいるが、それはポルトガル語由来のパンやボタン、トタンといった単語が日本人の間で使われることに等しいのだという。

また、古来、日本人が中国の書物を読む場合、返り点を入れて顛倒《てんとう》させて読んできた。

つまり、自国流に〝仕立て直して〟読んでいることとなり、それが日本語の中国起源説を否定する理由になるという。同様の理由で、朝鮮やその他の隣接国との関係性もないとし、日本人は独自の言語を持つ民族だとケンペルは考えたのだ。

だとすれば、日本語はどこで生まれたのか。ケンペルは「日本語の起源はシュメール語にある」と考えたのである。

ケンペルの遺志を継いだ三島敦雄氏は、その著書『天孫人種六千年史の研究』の中で、天皇を表わす古語のすべては〝シュメール語訳〟できると主張している。

たとえば「スメラギ」は、スメル（SUMER＝シュメール）と、火神アグ（AK）があわさったものであるというのだ（アグはヒッタイトの神格アクニ、もしくはその大本とも考えられているインド神話の火神アグニという説もある）。

また、「ミコト」と「ミカド」は日本の神話にも通じる〝天降る神〟を表わすミグト（MGUT）が語源であるという。

つまり、**「天皇」という言葉は〝天から降りてきた神〟を表わしている**というのだ。

それればかりではない。本書でも再三登場している『古事記』をもシュメール語訳できるというのだ。

◇『古事記』をシュメール語で読むと……

『古事記』は、日本最古の歴史書だが、そこには実は万葉仮名（漢字を本来の表意文字としてではなく、日本語の音を記すために使用したもの）で記された「歌謡」も多く収録されている。

これらの歌謡がシュメール語でも読めるという説を打ち出したのが、『復原された古事記』を著した前波《まえば》仲尾《なかお》氏だ。

彼の主張によれば、『古事記』『日本書紀』はシュメール語と、一部はチュルク語（中央アジア全体やモンゴル高原以西にあるアルタイ山脈を中心に、東トラキア地方、シベリアまでの広大な地域で話される語族の言葉）で伝えられたものを「音写」したものだという。

事実、原文とシュメール語訳、その日本語訳を併記してみれば、彼の説は無視できないことがわかる。

ここで『古事記』の上巻におさめられているトヨタマビメ（豊玉毘売）の歌を例にとってみよう。

原文は「阿加陀麻波　袁佐閇比迦禮杼　斯良多麻能　岐美何余曾比斯　多布斗久阿理祁理」。漢字と平仮名で表わせば、「赤玉は　緒さへ光れど　白玉の　君が装し　貴くありけり」となる。

これを現代語訳すると、

「赤い宝玉を緒に通せば、その緒まで光って見える。それはそれは美しいものだけれど、立派に着飾った貴男を喩《たと》えるなら白い玉、真珠のよう。そんな貴男のお姿は、なんと神々しかったことでしょう」

となる。

これを、シュメール語にあてはめると、

「aka dam,u sur gig rag.si lig dam kin gi u gush tab tuku ur,kil.（アカ　ダマユ　サエヒガ　レジ　シラジ　ダマ　キン　ガ　ユ　グシ　タブ　トク　アルケル）」

と読むことができ、

「私の愛した夫よ。病気のあなたのために祈禱をすると、宮中の僧侶が布施《ふせ》をせがみます。私の大君よ、もっと度重ねて消息を聞かせてください。便りをいただけるのを、心からお待ち申しております」

と日本語訳できるというのだ。

日本語がシュメール文明に起源を持つという証拠は他にもある。それが日本各地に残る、岩面に遺された文字・文様である「ペトログラフ」だ。

歴史的通説では、3～4世紀頃に中国から漢字がもたらされるまで、日本には文字の文化がなかったとされてきた。

だが、ここ数十年の間に発見されたペトログラフの存在が、その定説をくつがえし、「漢字以前の時代にも文字が存在していた

北海道小樽市の手宮《てみや》洞窟に刻まれたペトログラフ。
シャーマン（呪術師）を描いたものとも言われる。

彦島八幡宮にある岩にもペトログラフが刻まれている。刻まれた碑文はシュメール系の文字だという。

のではないか」と考えられるようになっている。

さらに、この**ペトログラフは「シュメールの楔形文字ではないか」**という説が有力視されているのだ。これが事実であれば、「日本人シュメール起源説」の決定的証拠となる。

また、1923年、「恐れの森」と呼ばれていた山口県下関市の彦島《ひこしま》にある杉田丘陵で、解読不能の文様が刻まれた磐座《いわくら》が発見された。

これを解読した歴史言語学者の川崎真治氏によると、磐座に刻まれたのは古代バビロニア文字、すなわちシュメールのものだ

という。刻まれた碑文の内容をシュメール語で読み、解読すると、
「最高の女神がシュメール・ウルク王朝の最高司祭となり、日の神の子である日子王子が神主となり、七枝樹にかけて祈る」
と読めるという。

スサノオはシュメールの神だった!?

では、彼らはどうやって日本に辿り着いたのか。その謎については、「弥生人のルーツ」を古代シュメール人に見出した岩田明氏の説が詳しい。

古代シュメール人がインドを経て、海路で日本に辿り着いたと考える岩田氏は著書『日本超古代王朝とシュメールの謎』（日本文芸社）の中で、**「陸を旅したシュメール人」**と位置づけた「青銅騎馬部族」の存在を今に伝える青銅器と、日本の神話に登場する「スサノオノミコト（須佐之男命）」が、謎を解く鍵を握ると主張している。

日本の皇室の祖神とされている「アマテラスオオミカミ（天照大御神）」の弟神で

あるスサノオは、牛の頭を持つ神として「牛頭天皇《ごずてんのう》」とも呼ばれている。このルーツを探っていくと、朝鮮や中国、そして大陸の向こう側へとつながっていくという。

「陸を旅したシュメール人」は、陸路を旅して中国・朝鮮に辿り着き、日本の九州に到達。それとともに青銅器文化とスサノオの原型をもたらした、と岩田氏は考えているのだ。


最後に、最も奇妙な一致を紹介しよう。シュメール人は自分たちの国を**「キ・エン・ギ**〈Ki En Gi〈Ra〉〉」と呼んでいたといわれるが、その意味は**「葦《あし》の主の地」**である。

つまり、彼らの〝国名〟は日本の国土を示す言葉、葦原《あしはら》の中《なか》つ国《くに》と同じ意味をなしていたのだ。

「天孫降臨の地」はいったい、どこなのか――それは、遠くバビロニアにあるのかもしれない。

3 「秦氏」はユダヤ人だったのか

日本人のルーツを示す仮説のひとつに、「日本人はユダヤ人（古代イスラエル人）と共通の先祖を持つ兄弟民族だ」というものがある。

明治に貿易商として来日したスコットランド人のニコラス・マクラウドが最初に提唱、体系化した**「日ユ同祖論」**だ。

『旧約聖書』に記されているところによると、イスラエルの全盛期を築いたダビデ王と、その子ソロモン王の後、古代イスラエル王国は、北イスラエル王国と南ユダ王国に分裂する。

ユダ族とベニヤミン族からなる「南ユダ王国」の民は、今日のユダヤ人につながるが、アシェル族やエフライム族ら10支族からなる「北イスラエル王国」の民はメソポタミア地方のアッシリア帝国に征服された後、歴史からその姿を消してしまう。
この古代イスラエルの〝**失われた10支族**〟が、流浪のはてに日本に辿り着き、日本人の祖となったというのが、「日ユ同祖論」の内容だ。

「失われた10支族」が日本に来ていた？

昭和6年に東方文化学院（現在の東京大学東洋文化研究所）の研究員にもなった、学者の佐伯好郎は、「失われた10支族」の到来に注目し、第15代応神《おうじん》天皇の時代に朝鮮半島から日本へ渡来してきた氏族「**秦氏**《はた》」がその10支族、すなわちユダヤ人であると主張している。

古代日本には多くの民族が渡来していた。秦氏は古墳時代の日本にやってきて、政治や文化に多大なる影響を与えた氏族として知られる。なんと10万人以上がこの国に渡来したという記録も残されている。

その血を汲む者たちは、史実にもその名を刻んでいる。聖徳太子の側近であった秦《はたの》河勝《かわかつ》、宮中の雅楽を司った東儀《とうぎ》家、江戸幕府13代将軍徳川家定に嫁ぎ、江戸無血開城にも尽力したという天璋院篤姫《てんしょういんあつひめ》、浄土宗の開祖・法然《ほうねん》らは、その血を引く存在だといわれている。

秦氏の拠点となったのは京都の**太秦《うずまさ》**だが、この地名こそ、秦氏がユダヤ人だという証しだ。「うずまさ」という音は、古代ユダヤのヘブライ語で**〝選ばれた者ヨシュア〟**、ギリシャ語ではイエス・キリストを意味する「ヨシュア・メシア」が変化したものだという。

証拠は、他にもある。彼らはこの地で大避《おおさけ》神社（現在の大酒神社）を建立しているが、大避とは中国では古代イスラエル王国を治めたダビデ王を意味する。

さらに、秦氏ゆかりの地にある八坂神社の「八坂」とは、10支族のひとつ、イサカル族を表わすアラム語「ヤシュッシュカル」が変化したものだという。

だが、この説が史実として評価されたことは、今のところない。遺伝学の見地でいえば、現代の日本人とユダヤ人の遺伝的組成は大きく異なっているからだ。

それでも、この説を単なる語呂合わせと無視するのは難しい。なぜならば、文化的側面、特に「神事における共通点」があまりにも多すぎるのだ。

日本とユダヤの民には驚くべき共通点があった！

神事における共通点の具体例のいくつかを見ていこう。

大分県に八幡大神《はちまんおおかみ》（第15代応神天皇）を祀る八幡宮の総本宮、宇佐神宮がある。実は、この宇佐神宮は、秦氏によって「ヤハダ神（ヤハウェの意）」を祀るために創設されたものとする説があるのだ。

八幡宮は全国に広まっているが、その影響もあってか、神社の様式はユダヤの神殿によく似ている。

イスラエルの民が「出エジプト」後に放浪していた時代、古代へブライ神殿は「幕《まく》屋《や》」と呼ばれる移動式であった。幕屋は周囲が幕や板で囲まれ、その中で神に捧げる祭事を行なっていたが、この基本概念は日本のそれと同じである。

この幕屋の構造は聖所、至聖所、拝殿に分かれ、祭壇には明かりをともす常夜灯があり、脇には手を洗う水盤があった。さらに賽銭箱も置かれていたのだ。

この構造が日本の多くの神社と近しいことは、言うまでもないだろう。また、神社の前に配される狛犬《こまいぬ》は、実際には獅子がモチーフと見られるが、古代ソロモン神殿の前にもライオン像が配置されていた。ライオンは、ダビデ王統を担うユダ族のシンボルだったという。

神道の儀礼では、水で身を清める禊の習慣があるが、実はユダヤ教も同じ様式がある。また、神社の神官が榊《さかき》の枝でお祓いをするのと同じように、ユダヤ教の祭司はヒソップという植物や初穂の束を揺り動かす。

さらに、神社で賜るお守りも、ユダヤの護符である「メズサ」と似ているし、生後30日目に赤ん坊を神社に初参りさせる習慣は、日本とユダヤだけにあるものだ。

類似点はまだある。『旧約聖書』の『出エジプト記』にある記載を見る限り、モーセが神から授かった十戒《じっかい》が刻まれた石板を収めた古代イスラエルの秘宝**「アーク（聖櫃《せいひつ》）」は、日本の神輿《みこし》にそっくり**だ。

黄金が貼られた聖櫃の上部にはケルビムという天使が羽を広げた像が配置されているのだが、日本の神輿も同じく、金でおおわれ、その上に鳳凰《ほうおう》が大きく羽を広げている。

下部に目を移すと、２本の棒がアークを支えており、それでアークを肩にかつぎ移動するときには、鐘や太鼓をならして騒ぎたてたという。神輿の棒は決して抜かれることはないが、この２本の棒もアークから外してはならなかったようだ。

日本の神輿は、秦氏に縁のある八幡神社から発祥したともいわれている。それらをあわせて考えると、神輿がアークをもとにした〝レプリカ〟である可能性はきわめて高いといっていいだろう。

だとしたら、いつしか歴史から姿を消してしまったという古代イスラエルの「失われたアーク」は、この日本に眠っているのかもしれない。

4 出雲大社は「オオクニヌシの怨念」を封じ込めている？

神代の時代に創建されたという**「出雲大社」**と**「伊勢神宮」**は、神道信仰の二大聖地であり、皇室との関わりも深い。

天皇がいた大和国《やまとのくに》に対して西側に位置する出雲大社は、古くは「天日隅宮《あめのひすみのみや》」と呼ばれ、日が沈みゆく場所にある。

スサノオノミコト（須佐之男命）が恋しがった母の眠る根《ね》の堅州国《かたすくに》、その入口である黄泉比良坂《よもつひらさか》があったのがこの地であることからも、出雲が「死のイメージ」と深い関わりのあることがわかる。

「国譲り」でアマテラスオオミカミ（天照大御神）側の天《あま》つ神《かみ》に敗れたオオクニヌシノカミ（大国主神）が主祭神であることも、このイメージと符合する。

「国譲りの神話」が、実際には「豪族同士の戦争」であった可能性について1章で指摘したが、その戦いに敗れた豪族の長がオオクニヌシで、彼の願いで建立されたのが出雲大社である。

もしこれが「史実」であれば、この地に封じられた、あるいは死して葬られたと考えるのが妥当だろう。事実、出雲大社には、そう思わせるだけの謎があるのだ。

出雲大社に関するいくつもの謎のうち、最もミステリアスなのがオオクニヌシの鎮座する神座《かみくら》の向きである。その本殿は正面が南向きに建てられているのに対して、神座は西向きに建てられているのだ。

その理由については、死を司る場所として「常世《とこよ》の国」（黄泉《よみ》の国）のほうを向いている、国を護るために大陸（西）側に向けられた、スサノオが祀られた素鵞社《そがのやしろ》に尻が向かないように横に向けられたといった説がある。

明治44年から昭和22年まで出雲大社宮司を務めた千家《せんげ》尊統《たかむね》氏は、「海または、九州に関係があるのではないか」と指摘している。

だが、筆者が注目したいのは、**敗れたオオクニヌシの怨念を封じるために西向きに**

されたという説である。

ときとしてこの国では、鬼や怨霊ですら「聖なる存在」として祀ってきた歴史がある。その理由は、鬼や怨霊の怒りや祟りを恐れたからと考えて間違いないだろう。そしてこの怒り、祟る者たちが、時の権力者に敗れた敗軍の将であるケースも少なくなかったはずだ。

そう考えると出雲大社は、敗れはしたものの巨大な権力を有していた有力豪族の長オオクニヌシを祀るのと同時に、彼の無念と怨念を恐れた天皇が、それを封じ込めるために建てたとも考えられるのだ。

オオクニヌシを封じる「巨大なしめ縄」

その証拠のひとつともいえるのが、**出雲大社にある日本最大級のしめ縄**である。

現在の神社神道では、しめ縄は社《やしろ》、すなわち神域と現世を隔てる「結界」の役割を有する。さらに神社、あるいは神体を縄で囲い、その内側を神域としたり、厄や災いをはらったりする意味もある。

しめ縄はふたつの世界の端境《はざかい》や結界を表わすもので、場所によっては「禁足地の印」にもなっていたものだ。

しめ縄には「右なえ」と「左なえ」という二通りの巻き方がある。「右なえ」は藁《わら》束《たば》を反時計回りで螺旋《らせん》状によりあわせて形をつくる。「左なえ」はその逆に、時計回りによりあわせられている。

一般には、反時計回りの右なえは太陽の巡行にさからうことから水と女を表わし、左なえは太陽の巡行と同じなので火と男を表わすという。

そのため、左右が使い分けられるのは、祀られているのが男神か女神かによるともいわれているが、実際には統一されたものではないようで、我々が普段目にするしめ縄のほとんどは「右なえ」だ。

一方で、出雲大社のしめ縄は「左なえ」である。オオクニヌシは男神だから、理にかなっているともいえる。だが、不思議なことに出雲大社を中心とする島根県、旧出雲エリア一帯の神社のしめ縄には、左なえが多いのだ。

出雲大社のしめ縄。主祭神オオクニヌシを封じ込めるために「左なえ」になっているのか――。

これはいったい、何を意味するのだろうか。

これについては、もっと別の目的があるという説がある。歴史作家、井沢元彦氏も、「出雲大社は死を司る場所」と考えているのだが、「だからこそ〝この世の神社と反対〟の左なえのしめ縄とした」としている。その理由は、**主祭神であるオオクニヌシを封じ込めるため**だというのだ。

オオクニヌシは「国譲り」の条件として出雲大社を建てることを許されたと神話では語られているが、実際は幽閉されていた。その後に「神格化」されたのは、死した彼の祟りを恐れたからだとはすでに書いた通りだ。

井沢氏は、この世に未練を残して死したであろうオオクニヌシに、自身が死んでいることを気づかせるため、しめ縄を通常とは異なるものにしたのではないかと推測している。

◇出雲大社の「客神」に天つ神が祀られている理由とは

ここであらためて考えてみると、参拝する我々から見れば、左なえのしめ縄も、その内側にいるオオクニヌシにすれば右なえ、つまり通常のなえ方である。そして、しめ縄の本来の目的は内側にある神域と現世を隔てる結界で、外からの穢れを遮断するものだ。

これらをあわせると、出雲大社のしめ縄が通常とは逆になえられたのは、通常とは逆に内から外へと穢れが出ないようにしたかったから。つまり、オオクニヌシの怨念が現世に這い出ることのないようにしたかったとも考えられるのだ。

前出の井沢氏は、それを証明するのが、出雲大社の客神《きゃくじん》であると主張する。

出雲大社にはオオクニヌシの他に、アメノミナカヌシノカミ（天之御中主神）、タカミムスヒノカミ（高御産巣日神）、カムムスヒノカミ（神産巣日神）など、5柱が客神として存在する。だが、そのいずれもが「天つ神」、つまりアマテラス側の神なのだ。

主祭神が「国つ神《くにかみ》」なのにもかかわらず、客神がすべて「天つ神」であることはたしかに違和感がある。井沢氏はその理由として、この5柱はオオクニヌシがおとなしく封じられているように監視しているからだと述べている。

筆者もこれと同意見で、オオクニヌシがこの場所に祀られた経緯、しめ縄の謎、5柱の客神、これらを考え合わせると、出雲大社の真の目的は、彼を祀るのと同時に、その怨念を封じ込めることだったと思えてならない。

いずれにしても、出雲大社はオオクニヌシ、すなわち大和朝廷に敗れた豪族の長や彼とともに戦った配下の者たちの霊を鎮めるための施設であることは間違いないだろう。

5 伊勢神宮の「厳重神秘の儀式」に隠された謎

オオクニヌシノカミ（大国主神）を封じるための施設が出雲大社であるとすれば、**伊勢神宮**はどのような存在なのだろうか。

この三重県伊勢市にある皇室の宗廟《そうびょう》（祖先を祀った御霊屋《みたまや》）は、正式名称を**「神宮」**という。その名称からも、別格の存在であることがわかる。

伊勢神宮は、天皇のいる大和に対して東側、つまり、「日出ずる処」に配置されている。出雲大社が死をイメージさせるのに対して、伊勢神宮は生命や、その誕生を意味する場所に位置するのだ。

主祭神が太陽神アマテラスオオミカミ（天照大御神）であるのも、この位置関係とリンクしている。そのアマテラスが天孫降臨の際にニニギノミコト（邇邇芸命）に授けた神器・八咫鏡《やたのかがみ》も、この神宮に祀られている。

伊勢神宮の謎のひとつに、正殿の床下中央に建てられる**「心御柱《しんのみはしら》」**がある。「忌柱《いむはしら》」「天御柱《あまのみはしら》」ともいわれるこの柱は、その存在からして謎めいている。

心御柱は八咫鏡とともに「御神体」とされており、20年に一度、社殿を造り変える式年遷宮に際しては、祭祀が厳重に秘密裡に行なわれるという。

一般的には、「切り株に神が宿る」という自然崇拝の名残であると解釈されているが、実は、もっと別の意味合いがあるという説がある。

「心御柱」は式年遷宮のたびに新しいものに変えられるとされるが、それは儀式上のことで、**〝本物の心御柱〟は神宮地下に眠っている**という。

本物の「心御柱」は2本の木がT字状に組み合わさったもので、その正体は**イエス・キリストが磔刑《たつけい》にされたときの聖遺物**だと主張する人もいる。

それだけではない。**古代イスラエルの秘宝「アーク」**も伊勢神宮に眠っているという説もあるのだ。

伊勢神宮の正殿。床下中央に建てられるという
「心御柱」は、何を意味しているのか――。

神輿とアークの類似性は「日ユ同祖論」の項で書いた通りだが、アークを持ち込んだと思われる秦氏に縁のある大分の宇佐神宮には、それと同一と思われる〝本神輿〟があったという。

そして、その本神輿は、伊勢神宮に移され、神宮の地下に眠っているというのだ。

なぜ「菊花紋」と一緒に「六芒星」が石灯籠に刻まれた？

日本神道の中枢に、ユダヤの秘宝が眠っている？

それはつまり、伊勢神宮が古くからユダヤ人の影響下にあったということになるのだが、日本とユダヤに浅からぬ因縁があるのは確かだ。

実際、伊勢神宮には、それを決定づけるようなものもある。

トヨウケノオオカミ（豊受大神）を祀る外宮《げくう》からアマテラスオオミカミを祀る内宮《ないくう》へと向かう道路の両脇に立つ石灯籠《いしどうろう》に、天皇の紋章である16弁の菊花紋と一緒に、**六芒星**が刻まれているのだ。

六芒星とは言うまでもなく、ユダヤ教、あるいはユダヤ民族を象徴する記号だ。ユダヤ人の国であるイスラエルの国旗には、「ダビデの星」と呼ばれる青色の六芒星が描かれている。

それがなぜ、日本神道の聖地に刻まれているのか？

これについて明確な答えはないのだが、江上波夫氏の騎馬民族征服王朝世界説がヒントになるかもしれない。

江上氏によれば、ユーラシア大陸の騎馬民族が、朝鮮半島から九州、そして畿内に進出し、大和朝廷をつくったという。

仮に、この騎馬民族がユダヤの血を引く氏族、たとえば「失われた10支族」だとしたら……。「記紀」における日本神話と「世界の神話」との類似性にも説明がつく。

「日本人シュメール起源説」も、シュメール文明を受け継いだとされる古代イスラエル人＝ユダヤ人と考えれば、破綻はない。

もちろん、これは様々な説を重ね合わせて導き出した仮説のひとつでしかない。

それでも、この仮説ですべての辻褄が合うように感じるのは、筆者だけだろうか？

5章

封印された日本の「古史古伝」

……なぜ、その文書は秘匿されてきたのか

1 中臣氏と物部氏の古文書から生まれた『三笠紀』の謎

日本最古の歴史書といえば、誰もが思い浮かべるのは、この本で何度も登場した『古事記』と『日本書紀』、つまり「記紀」だろう。もう少し時代をさかのぼれば『天皇記』『国記《こっき》』という聖徳太子編纂の歴史書も存在したというが、それは「乙巳《いっし》の変」の際に焼けてしまい、残っていない。

ところが日本には、それよりも古い「『古事記』以前の書」とされる文書や宝物があるといわれている。

それが本章のテーマとなる**「封印された日本の秘書」**だ。「古史古伝《こしこでん》」もしくは「超古代文献」と言ったほうが、通りがいいかもしれない。

超古代史研究家の吾郷清彦《あごうきよひこ》によれば、これらの秘書のうち『**竹内文書**《たけうちもんじょ》』『**九鬼文書**《くかみもんじょ》』『**宮下文書**《みやしたもんじょ》』は「古史三書」（『物部文書《もののべもんじょ》』を加えて古史四書ともいう）、『**上記**《うえつふみ》』『**秀真伝**《ほつまつたえ》』『**三笠紀**《みかさふみ》』は「古伝三書」に分類されるという。

それ以外にも、『先代旧事本紀大成経《せんだいくじほんきたいせいきょう》』『東日流外三郡誌《つがるそとさんぐんし》』『但馬故事記《たじまこじき》』などが代表的なところである。

共通する特徴としては、一部もしくは全部が、日本固有の古代文字とされる**「神代文字」**《じんだい》で記録されていること、「記紀」とは違う神々の物語や天皇家の歴史を語っていることなどが挙げられる。

ただし、4章でも述べた通り、歴史学の立場からは、これらはいずれも「偽書」とされており、学問的には価値のないものとみなされている。

個々の文書の真贋論争も過去に幾度となく繰り返され、そのたびに来歴が不明瞭であるとか、内容の検証ができないとか、あるいは記述内容に明らかに後世の筆が入ったと推測される痕跡が見られるとか、否定的要素ばかりが指摘されてきた。

しかしながらその内容には、注目すべき事柄がかなり含まれている。

本章では、そんな「封印された日本の秘書」から興味深い内容を選別し、紹介していく。

中臣氏の歴史が収められた「幻の書」

『三笠紀』は、前述の「古伝三書」のうちの一書で、『秀真伝』ときわめてよく似ている。

実は、両書は互いを補完する兄弟書にあたるという。いずれも「ヲシテ（秀真）」（江戸時代の国学者、落合直澄《おちあいなおずみ》の認めたもの。イロハニホヘトの順に配列した48の表音文字）といわれる神代文字で、五七調の長歌体で書かれているという共通点があり、古代における神道の精神や神々の系譜を詳細に記しているという点も同じだ。

『三笠紀』は、クニナヅオオカシマノミコト（国摩大暁島命）が記したと、その序文には書かれている。

この人物は、中臣氏《なかとみ》の伝説上の先祖であるオオカシマノミコト（大鹿島命）のことではないかというのが一般的で、そうであれば第11代垂仁《すいにん》天皇の時代の人ということになる。

「三笠」というのは、もちろん奈良の三笠山と無関係ではない。

三笠山は春日大社の神域であり、有名な春日山の一部だが、その春日大社は奈良時代に藤原氏（中臣氏）が、氏神であるタケミカヅチノオノカミ（建御雷之男神）を三笠山に遷したことに始まるという説がある。

つまり**『三笠紀』は、中臣氏ときわめて関係が深い古史古伝**といえる。

『三笠紀』が編纂された当時は、それぞれの豪族たちが、それぞれの歴史をつづった古文書を持っていたという。

しかし、時代とともに内容がはなはだしく異なってきたため、中臣氏と大物主《おおものぬし》家（『三笠紀』では物部氏の主をこう呼ぶ）が持っていた古文書を底本として、新たに編纂されたのが『三笠紀』と『秀真伝』だったというのである。

主な内容は、天地開闢《かいびゃく》のときにはじめて地に現われたクニノトコタチノカミ（国之常立神）から第12代景行《けいこう》天皇までの歴史だ。

『秀真伝』は全40アヤ（章）が確認されているものの、かつて全64アヤあったという『三笠紀』は、現在のところわずか9アヤしか発見されていない。それだけに、残念ながら、中味は一部しかわかっていない。

2 「記紀」に対抗する独自の歴史観！『秀真伝』

『秀真伝』は、既述した通り、五七調の長歌体で書かれた『三笠紀』の兄弟書だ。使われているのはもちろん、「ヲシテ（秀真）」と呼ばれる神代文字だ。

神武天皇以前の部分を、オオモノヌシクシミカタマノミコト（大物主櫛甕玉命）が、神武天皇から景行天皇までを、その子孫のオオタタネコノミコト（大田田根子命）が編纂したとされる。

僧侶や神道家の間では、古くから**「神の書」**もしくは**「言霊の書」**として読み継がれてきたという噂があり、江戸時代には国学者の平田篤胤《あつたね》も「秀真（文字）」の存在に言及していた。

だが、どうしても見つけることができず、「伝説の書」「幻の書」と呼ばれていたのだ。

この文書が世に出たのは、実はまだ最近のことである。

昭和41（1966）年、松本善之助という編集者が偶然、東京・神田の古書店で『秀真伝』の写本の一部を発見したことがきっかけである。松本は以後、その研究に没頭し、その第一人者となった。

『秀真伝』の最大の特徴は、日本列島は西から東へ拓《ひら》けていったという**「記紀」の記述に真っ向から反論するような独特の歴史観**にある。

たとえば同書では、原初の神であるクニノトコタチノカミ（国之常立神）が治めた国を常世国《とこよくに》といい、ここから諸国の王が世界中に派遣されたとする。

常世国は神々が暮らす理想郷、すなわち高天原《たかまのはら》であり、同時に日本列島上に実際に存在する国（＝日高見国《ひたかみのくに》）だという。具体的な場所も特定されていて、現在の宮城県仙台地方だ。

つまり同書は、**東北は日本の、そして世界の中心だった**と主張しているのだ。

当然、天皇家の祖先も日高見国から筑波山、富士山、近江《おうみ》、そして九州の高千穂へ移ったとされる。その記述を信じるならば、高天原は東北の仙台地方に興り、後に九州まで「西征」し、そこから改めて畿内に「東征」したことになる。

このあたりの記述は、内容的には邪馬台国《やまたいこく》が東北にあったとする『東日流外三郡誌』とも一致しており、非常に興味深いところだ。

神道の〝極意〟が隠された「究極の書」

『秀真伝』は、「神道の奥義書」であると同時に、「言霊の書」でもあるといわれる。

その一例を紹介しよう。

「トホカミヱヒタメ」という、神道の古い祓《はらえ》の言葉がある。イザナキノカミ（伊邪那岐神）が禊を行なったときに唱えた言葉だとか、亀卜《きぼく》の際に用いられた秘術だとか、様々な解釈がなされているが、本当の由来や意味はよくわかっていない。

だが、神道の世界では、とにかく**強い霊力を持った言葉**だとされている。

そして『秀真伝』には、その謎を解くヒントになると思われる記述があるのだ。

である）。

前述のクニノトコタチノカミには8柱の御子神がいた（これが諸国に派遣された王

それぞれの名をトノクニサツチノミコト（吐国狭津雷尊）、ホノクニサツチノミコト（菩国狭津雷尊）、カノクニサツチノミコト（加国狭津雷尊）、ミノクニサツチノミコト（美国狭津雷尊）、エノクニサツチノミコト（依国狭津雷尊）、ヒノクニサツチノミコト（毗国狭津雷尊）、タノクニサツチノミコト（外国狭津雷尊）、メノクニサツチノミコト（米国狭津雷尊）といった。

違いは頭のひと文字だけだ。そこで、このひと文字だけを並べてみると――。

「吐《と》菩《ほ》加《か》美《み》依《え》毗《ひ》外《た》米《め》」――まさに神道の極意ともいえる、あの言葉になるのだ。

このように『秀真伝』は、「神道の秘伝書」と言っていいような内容を持っている。それが五七調の神代文字で書かれているわけだから、ある意味、究極の神道書、言霊の書ともいえる。

それだけに、今もその内容を解読しようという研究者は後を絶たない。

3 「高天原＝富士山」説を伝える『宮下文書』

富士山の麓に高天原があったと記しているのが、旧家・宮下家に伝わる『**宮下文書**』だ。別名を『富士古文献』あるいは『徐福文献《じょふくぶんけん》』などともいう。これらの名前はいずれも、同書の由来を象徴するものだ。

紀元前3世紀頃、秦《しん》の始皇帝の命で不老長寿の妙薬を求めて東の海へと船出した中国の**徐福**は、やがて日本列島に上陸。第7代孝霊《こうれい》天皇74年に富士山麓にあった都を訪れて、永住を決意する。

その後、都に残されていた古代文字で書かれた膨大な古記録を編纂し、さらに徐福の子孫が加筆していったものが同書だとされる。

その都の名は**「家基津《かきつ》（都）」**といったが、この由来もまた興味深い。

徐福来訪よりもさらに遠い昔、中国の神・神農《しんのう》（中国の伝説上の皇帝。農業や医薬、交易の神さまとされる）が、東方に大陸（日本列島）があることを知って、息子を派遣した。

ところが、息子はそのまま現在の淡路島に定住してしまい、連絡をよこさない。そこで神農は、眷属《けんぞく》（従者）ら700人を連れて自ら日本列島を目指すことにしたのだ。

神農らは朝鮮半島から対馬《つしま》に渡ると、日本海を北上し佐渡へ向かった。途中で進路を変え、能登半島に上陸。一路、内陸へと入っていったという。次第に険しくなっていく山の中をなんとか進んでいくと、ちょうど飛騨《ひだ》山中へ至った頃、はるか遠くに美しくそびえる富士山を発見した。

自分の目的地はあの山だと確信した神農は、険しい山中をこのまま進むのは困難と判断。日本海に戻って再び船を出し、北九州から瀬戸内海に入ると紀伊半島を迂回して駿河湾に至り、ついに富士山に到着したのだ。

神農が連れてきた眷属たちは、いずれも古代から伝わる様々な叡智《えいち》の担い手ばかりだった。その技術を用いて、彼らはたちまち世界有数の都を富士山北麓に築く。それが「家基津」だったのである。

当時、富士山周辺にはすでに先住民がいたが、あまりにもすぐれた農業技術や医学知識に驚いた彼らは、神農一行を大歓迎したという。また、家基津には「ヒヒイロカネ」という謎の金属があり、人間に神々にも匹敵するような力と若さをもたらした。

さらに、船を使えば空中に浮きあがらせて、日に1万1000里も移動できたし、通信機器として使えばどことでも連絡ができたという。そのため「家基津」の人々は世界各地へ自在に飛んでいき、そこで文明を伝えたのだ。

現在、世界中で見られる来訪神伝説（遠いところから神がやってきて文明を伝えたとする伝説）は、このことがもとになっているという。

「神武東征」伝説の真実

さて――本題はここからだ。

中国の神・神農は、富士山北麓に
世界有数の都「家基津」を築いたという。

『宮下文書』では、**日本神話に登場する神々は、この土地の王である神農の子どもや子孫たちだった**と主張する。つまり「家基津」こそ神々が暮らす地——「高天原」だったというのである。

具体的に見てみよう。

まず神農だが、これは日本神話において2番目に現われたタカミムスヒノカミ（高御産巣日神）にあたる。

最初に日本列島への派遣を命じられ、音信不通になってしまった息子は「神代《かみよ》七《なな》代《よ》」の1柱、クニノトコタチノカミ（国之常立神）だ。また、神農の孫はイザナキノカミ（伊邪那岐神）にあたる。

さらにイザナキノカミには娘神がいたが、これをオオヒルメノミコト（大日留女尊）といった。この神こそが、後に天皇家の祖神となるアマテラスオオミカミ（天照大御神）であると同書は語る。

『宮下文書』では、「神武東征」についても別の説明がなされている。

あるとき大和《やまと》地方で、朝鮮半島の国と結託した豪族・ナガスネビコ（那賀須泥毘古）が、「家基津」に対する反乱を起こした。そこで神武天皇は、父とともに鎮圧に向かう。

「記紀」に見られる「神武東征」伝説とは、この「家基津」から大和への反乱鎮圧の遠征記録だと『宮下文書』はいう。

反乱の鎮圧に成功すると、神武天皇は都を大和に移した。そこで初代天皇として即位したというのだ。

ただし、その後も「家基津」が日本列島（と世界）における最先端文明の地であることに変わりはなかった。その後、「家基津」は「天都」と呼ばれ、歴代天皇は必ずこの古都で即位式を行なうことになっていたという。徐福が訪れたのは、この「天都」時代の「家基津」だったわけだ。

富士山の大噴火と「天都」の終焉

ところが、家基津（＝高天原）の終焉は突然やってきた。延暦19（800）年と貞観《じょうがん》6～8（864～866）年に起こった富士山大噴火が、都を溶岩で押しつぶしてしまったのだ。

『神皇紀』（大正10〈1921〉年に刊行された『宮下文書』復刻版）はその様子を次のように伝えている。

「四月八日九日に至り、一大劇震と共に、福地山（富士山）八方より熔岩熱泥押出し、二十里四方山間渓谷より、人家初め神社佛閣に至るまで熔岩熱泥或は押入り、或は押被り忽ち變して熔岩満流尾世界となりぬ。人畜燒死算なし。諸山は赤赧山となり各湖孰れも熔岩熱泥押入り魚類悉く死して浮き上りぬ。（中略）村落孰れも、或は熔岩にて埋没し或は熱泥にて焼け失せ、住民多く焼死したりけり」

このときの富士山大噴火は、歴史的事実として、それ以外の史書にも記録されている。また、科学的な検証でも噴火の様子が、『宮下文書』の記述と一致することがわかっている。

たとえば、この噴火で青木ヶ原樹海近くにあった「せの海」が溶岩によって寸断され、現在の西湖《さいこ》、精進湖《しょうじこ》、本栖湖《もとすこ》になったことなどが『宮下文書』には詳細に書かれているのである。

現在の地質学から見てもきわめて正確なこの記述こそ、『宮下文書』の信憑《しんぴょう》性を高める大きな理由となっているのだ

4 『竹内文書』の驚くべき世界観・宇宙観

数ある「古史古伝」の中でも、スーパースター的な存在と言えるのが**『竹内文書』**（『竹内文献』とも言う）だ。

宇宙開闢の神という天地身一大神《あめつちまひとつのおおかみ》をはじめとする神々、歴代の天皇、皇后を合祀したという皇祖皇太神宮《こうそこうたいじんぐう》（茨城県北茨城市）の管長職を代々世襲してきた竹内家に伝わる古文書、資料、遺物類の総称で、必ずしも文書だけではない。

伝えられた内容はまさに壮大なる万国史で、宇宙創世から神々の降臨、人類の誕生、超古代文明の興隆と衰退など、世界各地はおろか、宇宙規模で繰り広げられる一大物語だ。

そして、その**宇宙の物語の中心が、「日本列島」**なのである。

同書では、世界は人種的にも文明的にも日本列島を中心にして興ったとされる。したがって天皇は、日本のみならず「世界の天皇」であり、あらゆる世界の偉人たちもことごとく先進地域である日本に留学し、宗教的・哲学的な教えを学んだというのだ。

では、その内容をざっと見てみよう。

キリストや孔子は日本に〝留学〟していた!?

まず『竹内文書』では、世界の歴史は「天神7代」「上古25代」「不合朝《あえず》73代」「神《かむ》倭《やまと》朝」に分けられている。このうち「神倭朝」は、神武天皇から今上天皇に至る現在の天皇家の系譜だ。

大きく異なるのは神武以前、つまり不合朝以前の歴史である。

たとえば都が置かれていたのは、現在の富山県婦負《ねい》郡神明《しんめい》村（現在は富山市に合併）で、『竹内文書』では、ここが太古から世界の中心地として栄えていたとされているのだ。

天神時代、神々の住み処は地球上ではなく宇宙にあったようだ。そのとき神々は宇宙の創世を行なっていたが、天神の第5代になるとようやく地球ができあがり、地球に降りてきた。その場所は、現在の飛騨高山のあたりだとされる。

上古時代になると、岐阜県の位山《くらいやま》に神々が正式に「天孫降臨」した。その国の名を「日玉国《ひだまくに》」といった。

その後、都は前述の富山県に遷され、神々の末裔——すなわち天皇の祖先——は、この地で地球上のすべての国を支配し始めた。

天皇は**「天空浮船《あめそらうきふね》」**と呼ばれる一種のUFOに乗って世界中を巡幸し、農耕や牧畜、漁業、養蚕など様々な文化を伝えた。

また、**五色人《ごしきじん》**（赤人、黒人、黄人、青人、白人という5種類の人間の総称）が世界中に分散し、それぞれの人種の祖になっている。

やがて、地球全土で大変動が起こり始め、全地球が泥の海に沈むという大災害が起こった。このとき天皇一族は「天空浮船」に乗って逃れたと書かれている。これは彼らが、ＵＦＯに乗って地球外へ避難したということだろう。彼らが再び地球へ降り立ったのは、それから5億５０００万年後のことだった。

その後、時代は不合朝に移るが、地球の天変地異は続き、「タミアラ」と「ミヨイ」という大陸が海の底に沈んでいる。ちなみに**「タミアラ」はアトランティス、「ミヨイ」はムーのこと**ではないかという説もある。

さらに神倭朝時代になると、**モーセ、釈迦、孔子、孟子、老子、イエス・キリスト、マホメットなどが次々と日本に留学**。帰国して母国で教えを広めた後、何人かは再び日本に帰ってきて、穏やかな晩年を過ごしたという。

ピラミッドも日本起源？

ここで、よく話題になる**「ピラミッド日本起源説」**にも触れておこう。

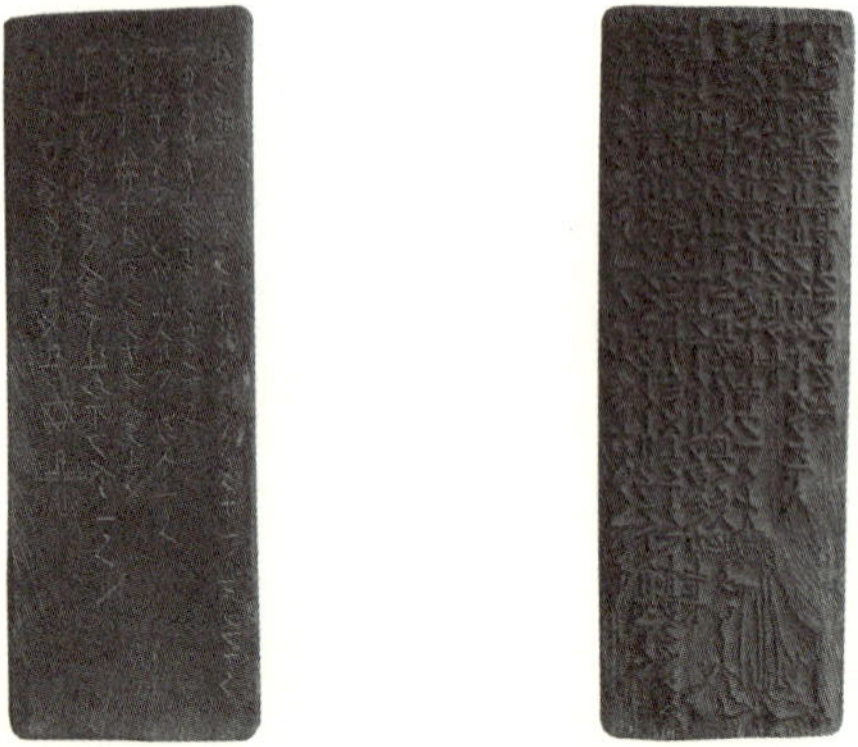

キリストが板に彫刻したというイスキリ文字。右が表、左が裏。右の立ち姿は、キリスト本人の自画像という（皇祖皇太神宮蔵）。

明治から昭和にかけて、酒井《さかい》勝軍《かつとき》という神学者でキリスト教の伝道者がいた。酒井は陸軍のユダヤ研究のために中東に派遣された際、エジプトでピラミッドを目にし、やがて「ピラミッドの起源は日本である」と主張し始めた。そして昭和9（1934）年6月、広島県庄原《しょうばら》市の葦嶽山《あしたけやま》を、日本のピラミッド第一号に「認定」したのだ。

それ以前から酒井は皇祖皇太神宮を訪ね、『竹内文書』に古代のピラミッドに関する記述がないかどうか教えを請うていた。そしてピラミッド発見後、『竹内文書』の一部に、次のように書かれていたことを知るのだ。

「年イヤヨ月円六日、詔《みことのり》して、吉備津根本国に大綱手彦、天皇霊廟、亦名《まど》メシア、日の神、月の神、造主神、日来神宮」

最後の「日来神宮」は「ヒラミット」と読む。

「大綱手彦」は、不合朝12代天皇の叔父で、年代的には2万2000年前のことだという。「吉備津根本国」は、現在の岡山県付近だから、酒井が発見した葦嶽山ピラミッドがある地域だ。

同書にはさらに、この時代の日本列島では、4カ所でピラミッドが建設されたとも書かれていた。

「ピラミッドの起源は日本にある」という自分の主張が『竹内文書』によって裏付けられた酒井の喜びは、どれほどだったことだろう。これに自信を得て、酒井は次々と日本国内のピラミッドを「発見」していくのである。

◇戦争で灰燼に帰した文書と神宝

『竹内文書』は、もともとは神代文字で書かれていたが、第25代武烈《ぶれつ》天皇の時代（5世紀末とされる）に平群真鳥《へぐりのまとり》（第21代雄略《ゆうりやく》天皇から第24代仁賢《にんけん》天皇までの4代の天皇に大臣《おおおみ》として仕えたが、仁賢天皇の死後、専横な振る舞いがあったとして大伴金村《おおとものかなむら》に討たれたとされる）によって、漢字仮名混じり文に書きあらためられたとされる。

この「翻訳文」のうち、秘匿《ひとく》された天神7代の歴史を除いたものが、後に『古事記』や『日本書紀』の原本となったのだという。

平群真鳥は、武内宿禰《たけのうちのすくね》（第12代景行《けいこう》天皇から第16代仁徳《にんとく》天皇までの5代の天皇に仕え、最高執政官である大臣まで務めた伝承上の人物）の孫にあたるとされ、そのため真鳥の子孫は代々、竹内姓を名乗ることになったという。この竹内家に伝えられたのが『竹内文書』である。

皇祖皇太神宮天津教を設立した竹内巨麿。
戦前の国家から激しい弾圧を受けた。

その『竹内文書』が世に出たのは、昭和になってからのことだった。

武内宿禰から66代目にあたる**竹内巨麿**《きよまろ》が、明治43（1910）年に富山県にあった皇祖皇太神宮を茨城県北茨城市に再興し、皇祖皇太神宮天津《あまつ》教（後の天津教）を設立したのである。

養子だった彼が、養祖父の死に際して渡された家宝が『竹内文書』だった。

巨麿はそのうちのごく一部を昭和3（1928）年に一般公開したが、当時としては内容があまりにも過激すぎた。

天皇家の「もうひとつの神話」など、戦前の国家に受け入れられるはずもなく、激しい弾圧を受けて文書・神宝類は没収されてしまうのだ。

しかもそれらは、東京大空襲によって灰燼《かいじん》に帰してしまうのである。

ちなみに巨麿は不敬罪で起訴され、2回の有罪判決を受けたものの、最終的に大審院（現在の最高裁）で逆転無罪となった。

いずれにせよ、こうした経緯から、『竹内文書』は現在、残念ながら巨麿が書き写した文書と、押収を免れて残された神宝類の一部しか残っていない。

しかしそれを差し引いても、現在でも『竹内文書』が古史古伝世界のビッグネームであることに変わりはないのだ。

5 邪馬台国は東北にあった!?『東日流外三郡誌』

『東日流外三郡誌』は、その名の通り、東北・津軽地方を中心とした超古代東北王朝の歴史を描いた古史古伝だ。

『古事記』以前の書と定義される他の古史古伝とは違い、成立年代は比較的新しく、江戸時代末期だ。

寛政元（1789）年から文政5（1822）年にかけて、東北地方の秋田家の秋田《あきた》孝季《たかすえ》と、その縁者である和田家の和田長三郎が、津軽地方の古文書や伝承だけではなく、日本中を巡って集めた歴史資料をまとめたものだとされている。

しかし、書かれている内容については超古代の歴史も含まれているので、やはり古史古伝のひとつと言っていいだろう。

その『東日流外三郡誌』が世に出たのは、ずっと後の昭和22（1947）年のことだった。

青森県五所川原《ごしょがわら》市在住で、和田長三郎の子孫とされる和田喜八郎が自宅を改築していたところ、天井裏から長箱が落ちてきたのだが、その中に収められていたのが『東日流外三郡誌』だったというのである。

昭和50（1975）年になると、『東日流外三郡誌』はその一部が市浦《しうら》村（現在は五所川原市）から『市浦村史資料編』として出版され、一躍その名が全国に知られることになった。

「神武東征」により、畿内から東北へ

秋田家は、神武天皇東征の際に大和地方で激しく抵抗したナガスネビコ（那賀須泥毘古）と、その兄アビヒコ（安日彦）の子孫だという。

ナガスネビコは、「記紀」によると神武東征の際、最後まで抵抗した大和地方土着の王だとされている。その大和の王の子孫が、なぜ東北にいるのか。

その昔、関東以西の日本列島は複数の族長によって支配されていた。その族長たちの国の連合体を「邪馬台国」といい、トップにいたのがアビヒコとナガスネビコの兄弟だったのだ。

ところがその後、大陸からやってきた日向族が九州の猿田族を懐柔し、東へと軍事遠征を始める。

その結果、近畿地方で神武天皇率いる日向族と、アビヒコ・ナガスネビコが率いる邪馬台国との激しい戦いが始まったのだ。『東日流外三郡誌』では、これが「記紀」でいうところの「神武東征」だとしている。

やがて戦いに敗れたアビヒコとナガスネビコは、東北へ逃げのびた。

当時、津軽地方（岩木山）には、アソベ族と大陸からやってきたツボケ族が住んでいた。アビヒコとナガスネビコは彼らと手を結び、津軽王となる。

そして、彼らの神である**アラハバキ**にちなみ、**アラハバキ族**と名乗ったのだ。

ちなみに、有名な遮光器《しやこうき》土偶《どぐう》は、『東日流外三郡誌』においては、アラハバキの姿を模したものだとされている。

このように『東日流外三郡誌』では、**畿内地方でアビヒコ、ナガスネビコ兄弟が築いていた連合国家こそ、「邪馬台国」だった**としている。

だとすれば、邪馬台国は最初、大和地方にあったが、敗戦によって東北・津軽に移ったとも解釈できるわけだ。

遮光器土偶はアラハバキ神を表わすという（岩手県手《て》代森《しろもり》遺跡）。

アラハバキ族はその後、神武天皇が打ち立てた大和朝廷に復讐戦を挑み、一時は近畿地方を奪回する攻勢をみせる。しかし再び敗れ、その後は東北地方のみを支配するようになった。

ちなみに、アビヒコの血統は、平安時代後期に東北で起こった「前九年の役」で滅亡する安倍氏へと受け継がれ、さらに津軽の安東氏へとつながっていった。安東氏は安東水軍として日本海の海運を支配し、十三湊《とさみなと》という国際港を青森県五所川原市の十三湖《じゅうさんこ》のあたりに建設。世界を舞台に活躍する海洋民族として名をはせる。

だが、この国際港も、室町時代に起こった大津波で壊滅してしまうのだ。

津波で沈んだ国際港「十三湊」

アラハバキ族の古代東北王朝＝邪馬台国は、十三湊があった場所、すなわち現在の十三湖のあたりにあったとされている。その繁栄ぶりは、一般的な東北地方に対するイメージを完全に覆すものといっていい。

たとえば、『東日流外三郡誌』を編纂した秋田孝季は、全盛時の十三湊の様子を、

「十三湊はたくさんの寺院、神社、修験道場が立ち並ぶ一大霊場として栄え、春から秋まで様々な宗教的祭事が行なわれていた。また、村々もいつも祭事で賑わっていた」

と記している。

ところが、その後、大津波で10万人もの死者を出し、都は壊滅してしまうのだ。港に停泊していた船もことごとく沈み、以来、港が再建されることはなく、津波発生時に出港していた５３６もの船や船員たちも二度と寄港することはなかったという。

それはつまり、大和から東北津軽の地に移り、そこで続いていた「邪馬台国」の、「本当の終焉」のときでもあったのだ。

6 熊野本宮大社の宮司家に伝わる『九鬼文書』とは

和歌山県の熊野本宮大社の宮司である九鬼《くき》家に伝わった古史古伝――それが、『**九鬼文書**』だ。

作者も成立年代も明らかではないが、中臣《なかとみ》氏・藤原氏の祖神であるアメノコヤネノミコト（天児屋命）の時代に「神代文字」で書かれたものを、奈良時代に藤原不比等《ふひと》が漢字に直したものだといわれている。

内容は、宇宙開闢から明治時代に至るまでの壮大な歴史書だが、柱となっているのは次の3点だ。

1　アマテラスオオミカミ（天照大御神）ではなく、スサノオノミコト（須佐之男

命）の系統を「皇室の正統」としている

2　古代における日本とユダヤの関係を重視している

3　聖徳太子を「日本史を改ざんした張本人」としている

まずは1についてだが、「記紀」によればアマテラスオオミカミには、ふたりの弟神がいた。スサノオノミコトとツクヨミノミコト（月読命）だ。

このうちアマテラスは皇祖神となるが、スサノオは高天原から追放されて出雲に天降り、ツクヨミはほとんど記録が残されていない。

ところが『九鬼文書』では、「アマテラス→スサノオ→ツクヨミ」の順に即位したことになっていて、次にスサノオの娘が即位し、この女神が出雲王朝として万国に君臨したとされる。

しかも、この女神の名前もまた「アマテラス」であり、彼女が皇室の祖になったというのである。

つまり、「アマテラス」はふたりいて、そのうちスサノオの娘のアマテラスこそが、正統な皇室の祖である――すなわち「出雲王朝が皇室の正統である」と主張しているというわけだ。

日ユは同祖だった？

さらに注目すべきは2だ。

『九鬼文書』には、皇位を継承したスサノオにはサオトミノミコト（佐男登美命）という子どもがいたと記されている。別名をシラ（ロ）ヒトネノミコト（白人根命）ともいうのだが、なんと後に「白人根国中興ノ祖」になったとされているのだ。白人根国とは文字通り、白人の国という意味だ。

そして、サオトミノミコトの子の名を、ノアオスワケノミコト（野安押別命）という。

この人物は**『旧約聖書』に登場する、方舟《はこぶね》で有名なノア**だと解釈されている。

それだけではない。このノアオスワケノミコトの系統からは、**モーセ**（母宇世）、**イエス**（伊恵須）も出ているのである。

つけ加えるなら、ツクヨミの子のひとりは「南海国」に渡り、もうひとりの子は

「黒人根国中興《くろひとねのくに》ノ祖」と呼ばれたが、後者の系統からはシッダールタ（悉達留多＝釈迦）も出ているというのだ。

ここからわかるように、『九鬼文書』は、**神代＝超古代の日本が世界の根本であり、同時に世界の支配者でもあった**と語っている。その点では、『竹内文書』などの古史古伝と共通している。

そして、ノア、モーセ、イエスという系統は、まさに「古代ユダヤ人のすぐれた指導者の系譜」にほかならない。

だとすればこれは、あの**「日ユ同祖論」**を裏付けるものになる可能性がある。

「日ユ同祖論」では、古代イスラエル人が日本列島に渡っていたとされるが、『九鬼文書』は逆に、日本列島からイスラエルへの移動のルートを主張しているという違いはある。しかし、日本とユダヤを結びつけるという点では、「日ユ同祖論」を匂わせるヒントがここには記されているわけだ。

◇聖徳太子は「歴史の改ざん者」なのか？

最後の3だが、これは仏教伝来に関する聖徳太子への批判だ。

6世紀中頃、第29代欽明《きんめい》天皇の時代に仏教が日本列島に伝来したことはよく知られている。このとき、仏教を支持する蘇我氏と、神道を守るべしと主張する物部《もののべ》氏、そして中臣氏の間で、激しい仏教の受容論争が起こった。

そして、第31代用明《ようめい》天皇が即位すると、両者の争いはとうとう武力闘争へと発展する。『九鬼文書』ではこのときに用明天皇の皇子である**厩戸皇子《うまやどのみこ》（聖徳太子）が、『日本書紀』に書かれている以上に徹底的な「神道潰し」に動いた**と主張しているのである。

理由は聖徳太子が仏教を深く信じ、それを広めるために、日本の伝統的宗教である神道を徹底的に排斥《はいせき》する必要性を感じていたからだと記されている。

かくして用明天皇2年、聖徳太子は大軍勢を率いて物部守屋《もりや》邸を襲い、物部一族1

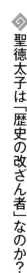

00人余りを殺し、屋敷を焼いた。物部守屋とともに仏教の受容に反対した大中臣氏は、守屋の屋敷からかろうじて脱出し、諏訪《すわ》湖畔へ隠れたとされる（『天津《あまつ》皇神《すめかみ》祇大《おお》中臣没落記《なかとみぼつらくき》』。

問題は、古くから伝わる神道の書物や宝物が、このときにことごとく焼失し、以後、日本の宗教の歴史が大きく書き換えられてしまったことだという。

聖徳太子が著したとされる『天皇記』や『国記』は、すべて仏教の宗教観によって編纂されたものであり、神道をベースにした正しい古代日本の姿を伝えていないと『九鬼文書』は批判するのだ。

言葉を換えれば、**聖徳太子は正しい古代史を塗りつぶし、歴史を偽造した張本人**だというのである。

「神代文字」で書かれた同書を漢字に書きあらためたとされる藤原不比等は、仏教の受容論争に敗れた中臣氏の子孫である。その思いが、『九鬼文書』には強く反映されているのかもしれない。

〈了〉

参考文献

『古事記（上）（中）（下）』次田真幸（講談社）／『真説古事記 完全版Ⅰ』山田久延彦、『真説古事記 完全版Ⅱ』山田久延彦、『謎の神代文字』佐治芳彦、『謎の竹内文書』佐治芳彦、『謎の宮下文書』佐治芳彦（以上、徳間書店）／『日本書紀（一）』坂本太郎、家永三郎、井上光貞、大野晋（岩波書店）／『詳説 日本史史料集』（山川出版社）／『消えたシュメール王朝と古代日本の謎』岩田明、『縄文超文明の謎と宇宙人遺跡』星光一、『正統「竹内文書」の謎』竹内睦泰、『完全版 天皇家の謎』歴史雑学探究倶楽部（以上、学研プラス）／『古代シュメールは日本に封印された』太田龍、『日本超古代王朝とシュメールの謎』岩田明、『甦った神々の記憶 超古代文明の謎』佐治芳彦（以上、日本文芸社）／『出雲大社』千家尊統（学生社）／『逆説の日本史1 古代黎明編』井沢元彦（小学館）／『古事記 神話を旅する 完全保存版』（洋泉社）／『古代日本七つの謎』文藝春秋編（文藝春秋）／『図解 日本神話』山北篤（新紀元社）／『東日流外三郡誌の秘密』佐治芳彦（ベストセラーズ）／『日本人とユダヤ人』イザヤ・ベンダサン（KADOKAWA）／『日本とユダヤ謎の三千年史―原典日ユ同祖論』高橋良典（自由國民社）／『世界遺産 21の日本の迷宮』歴史の謎研究会、『この一冊で日本の神話と世界の神話が面白いほどわかる！』歴史の謎研究会（以上、青春出版社）／『日本人なら知っておきたい古代神話』武光誠（河出書房新社）／『復原された古事記』前波仲尾（復原された古事記刊行会）／『日本超古代秘史資料』吾郷清彦（新人物往来社）／『古事記以前の書』吾郷清彦、『日本神代文字―古代和字総観』吾郷清彦（以上、大陸書房）／『異端日本古代史書の謎』田中勝也（大和書房）／『闇の日本史 古史古伝書』佐治芳彦（英知出版）／『眠れないほど面白い「古事記」』由良弥生（三笠書房）／『知っておきたい「死海文書」封印された真実』並木伸一郎、『フリーメイソンとロスト・シンボルの「真実」』並木伸一郎、『人に話したくなる日本古代史ミステリー』日本ミステリー研究会（以上、竹書房）

写真提供

国立国会図書館（25、67、95、170ページ）／島根県立古代出雲歴史博物館（45ページ）／福岡市博物館（70ページ）／共同通信社（81、161、206、211ページ）／埼玉県立さきたま史跡の博物館（137ページ、文化庁所有）／彦島八幡宮（193ページ）／皇祖皇太神宮（236、239ページ）／岩手県立博物館（244ページ）

本書は、本文庫のために書き下ろされたものです。

眠《ねむ》れないほどおもしろい「古代史《こだいし》」の謎《なぞ》

著者　並木伸一郎（なみき・しんいちろう）
発行者　押鐘太陽
発行所　株式会社三笠書房
〒102-0072 東京都千代田区飯田橋3-3-1
電話　03-5226-5734（営業部）03-5226-5731（編集部）
http://www.mikasashobo.co.jp
印刷　誠宏印刷
製本　ナショナル製本

©Shinichiro Namiki, Printed in Japan ISBN978-4-8379-6817-7 C0130

王様文庫